はじめに

「自分の好きなことを仕事にできたら、どんなに幸せだろう」

みなさんは、そう思ったことはありませんか？　できることなら、子どもにはそのような人生を歩んでほしい、それが親の共通の願いではないでしょうか。

私とアメリカ人の夫も、小さな赤ん坊を迎えたときから、子どもには、

「自分の力で好きなことを思いっきりしつつ、自身が幸福でありながら、社会で活かされる人」

になってほしいと願って子育てをしてきました。そしてそんな人生を送るためには、**自分の頭で考えて行動できる、本当の意味での賢さ＝「地頭」を育てる**ことが重要だと考え、そのために親ができることを実践してきました。

子どもの地頭の土台は、「家庭」でつくられます。では、具体的には家でどのような教育が必要なのでしょうか。

「0歳から数を覚えさせる」こと?

「2歳で〇〇個の漢字を書ける」こと?

答えは「いいえ」です。実際は、どんな先取り教育もあまり意味はありません。

必要なのは、ただひとつだけ。**一冊でも多くの本の「読み聞かせ」をすることです。**読み聞かせなら、家庭で手軽にできるだけでなく、その子の持っている才能を最大限に伸ばすことができるからです。


子どもが小さい頃、わが家は共働きで、経済的にも余裕があるとはいえなかったこともあり、息子には幼少期の早期教育や習い事は何一つ行いませんでした。そのかわり、読み聞かせは息子が12歳までは、ほぼ毎日欠かさず続けていました。

ちなみに息子は小学生になるまで数を20まで数えられませんでした。数え始めると、うっきっきーっとお猿さんのように逃げてしまうのです。

ところが成長するにつれて、読み聞かせで培ったあらゆる力を発揮し始め、中学生になる前にはつねに全米0・1％（1000人に一人）に入る学力を身につけていました。

そんな彼は現在22歳。自分で選んだ、アメリカで一番優れた教授陣をそろえた名門校に、奨学金を得て通っています。

でも何より重要なのは、学力だけではなく、自分の頭で考え、他者と協力しながら歩んでいける人間に育ってくれたことです。読み聞かせを通じて、生きて行くために必要なものをわが子に与えられたことは、私たち親の喜びでもあります。

読み聞かせと言っても、単に「物語を読んでおしまい」では、その恩恵を半分しか活用していないようなものです。

私が子育て中、まわりのお母さんたちと読み聞かせの話をするようになり、どうもわが家の読み聞かせの方法は、ほかの家のやり方とはちょっと違うようだということに気がつきました。私はどこの家でも同じようなやり方でしていると思っていたので、びっくりしたのを覚えています。

また、子どもが字を覚えて自分で本を読めるようになったら、親は読み聞かせをしなくなるというのも不思議でした。

さらには、読み聞かせをしてあげたいと思っているけど毎日はできない……という人の割合も、決して少なくないことがわかりました。確かに、できない理由は毎日いくらでも出てきます。「寝る時間が遅くなった」「今日は疲れている」「子どもが聞こうとしない」などなど。そのような言い訳をすべて払いのけて、読み聞かせを続けるのはなかなか大変なことです。

読み聞かせは確かに簡単なのですが、それを有効に活用できるかできないかのポイントは、「いくつかのシンプルなコツ」と「継続」できるかどうかにかかっています。

型にはめるように、学校でやる勉強を先に家庭で教える必要はありません。知識があるだけ、勉強ができるだけ、記憶力がいいだけでは、**国際化がさらに進むこれからの世の中をたくましく生きていくことはできない**からです。

「世界で通用する」人を育てるために、日本の学校教育も、これまでの学力重視から、総合的な知力があり人間的にもバランスがとれていることを重視する方向へと、数年のうちにシフトしていくようです。

そんな未来、わが子が自由にやりたいことをやり、社会に認められ幸せに生きるためには、その場しのぎの学力をつけるのではなく、**自分の力で学べる能力と思考力を育てるための教育**をしなければならないのです。でも安心してください。読み聞かせを通じた、お家でできる簡単な方法で、学校の勉強はもちろん、これらの力も自然についていきます。

私たちが実践して、その効果を実感していった読み聞かせ法を、できるだけ多くの親御さんとシェアしたいと思い、10年程前から、主宰する「チルドレン大学」などでお伝えしてきました。そしてそこで出会った多くの母親仲間たちからも、たくさんの学び合い、気づき合いを頂きました。

本書では、みなさんが迷うことなく読み聞かせを続け、子どもの学びについても心から理解できるように、そのノウハウだけでなく、精神的にもバックアップしていきます。**子どもが何歳からでも大丈夫です**。安心して、今日から読み聞かせを始めてください。

ランディー由紀子

CONTENTS

編集協力　黒坂真由子
ブックデザイン　いわながさとこ
イラスト　佐藤香苗

CHAPTER 1

「読み聞かせ」は
頭と心を同時に育む
究極の英才教育！

学校の勉強だけでは通用しない時代

家庭での日々の教育の積み重ねが、子どもたちの人生を大きく左右する時代になってきました。

昔はテストの点が良ければいい大学に行けました。暗記中心の試験であれば、直前でも本人が努力をすればある程度は結果を出せるからです。しかし今の子どもたちが大学に行く頃には、大学受験がガラリと変わります。小・中・高校でも、これから数年をかけて「世界で通用する力」を身につけさせるための教育に刷新されていくようです。

それが一体どういうものなのか、ほとんどの親御さんはまだ想像もつきませんよね。それもそのはずです。親自身が経験した教育の常識とは、かけ離れたものになるからです。

まずは、これからの日本の教育システムに近いシステムを以前から行っている、アメリカの現状を見てみましょう。

試験が満点でも、合格できない

よく、「アメリカの大学は入るのが簡単で、出るのが難しい」と言われますが、それはきっと、比較的入学が簡単な公立の大学のことを指しているのだと思います。実際は私立の名門校は入るのも難しく、また4年間必死に勉強しないと卒業も難しいのです。

最近の傾向としてアメリカでは、SAT（Scholastic Assessment Test）と呼ばれる大学進学適性試験の点数が高いだけでは名門大学には受からない、という事実があります。

たとえばプリンストン大学を不合格になった人の中には、SATで満点を取ったにも関わらず、学力以外の入学基準が認められなかった人もいました。また文芸系の名門、サラ・ローレンス大学は、ＳＡＴの点数を提出する必要さえありません。いわゆる大学ランクはそれほど高くありませんが、それはＳＡＴの点数というランキングの算出に必要な情報が存在しないからで、実際には入学が非常に難しい大学です。入学審査ではテストがない代わりに、平たく言えば「自分とはどんな人物で、何を考えているのか」を書いた小論文と、成績表を提出します。

つまり、テストの点という「記憶力」だけでは十分ではなく、特殊な能力や、高い「思考力」がなければ、良い学校には行けないのです。

日本でも将来、試験の点数の代わりに、

- **これまでどのような活動をしてきたか**
- **特殊な能力があるか**
- **スポーツや音楽や芸術や科学などに能力や才能があるか**

などで判断されるようになる傾向にあります。それは一見、素晴らしいことのように思えます。でも、良いことばかりではありません。

たとえば成績優秀で、幼い頃から習っていたピアノで賞をもらった人物を想像してみましょう。

その子の親に経済的な余裕がなければ、小さい頃から音楽を始めさせることはできなかったでしょう。お母さんが共働きで時間に追われる生活をしていたら、子どもを定期的にレッスンに通わせることはできたでしょうか。

また家庭でいつもテレビの音が流れていて、親が子どもの教育に興味のない環境ではどうでしょう。

このように、子どもの教育を専門家に任せる経済力がなかったり、親が子どもに豊かな家庭教育を与える時間や知識を持ちあわせていなければ、子どもたちがたとえ一生懸命頑張って努力をしても、這い上がることが難しい社会になります。

つまり、リッチで高学歴の親の下に生まれた子どもにだけ、チャンスが与えられる社会になるということです。

日本では、高所得で高学歴の親はほんの一握りです。その一握りの人たち以外の、過半数の親の下にいる子どもたちにとって、生きにくい社会になる可能性があるのです。

お金と時間をかけなくてもできる家庭教育

子育てをしている当時、私たちにはお金も時間もありませんでした。
私は仕事をしていて、息子だけに注ぐ時間がたっぷりあったわけではありません。
息子が小さい頃は、夫は博士号を取るために大学にいましたので、その頃の非常勤講師代を見て、「ファストフード店で働いた方が収入が多いんじゃない？」とよく言っていたものです。

そんなわけで、時間やお金の事情もあり、息子は小さい頃からやってきた習い事はありません。ですから大学の入学願書に書けるような、華々しい活動や特技もありませんでした。

書けることがあるとすれば、「料理が上手」「ケンカが強い」、はたまた「動物に好かれる」……ぐらいでしょうか。願書の特技欄にも書きようがありませんね。

しかし、お金をかけない教育でも、できることはたくさんありました。それは「本を読む」ということです。

本の読み聞かせは共働きでも、お金持ちじゃなくても、誰にでもできて、さらにやりかたのコツさえ知っていれば、どんな習い事よりも子どもを伸ばす助けになるものなのです。

多くの本を読んで育つと、語彙やものごとの知識が豊富になることは言うまでも

なく、

- **文章理解力**
- **自己表現力**
- **思考力**
- **集中力**
- **表現力**
- **共感力**

などにおいて、本を読んでいない子に比べて抜きん出た能力が自然に培われることになります。

現実に、その力は学校の勉強や受験にも多いに役立ちます。

特に、小論文を書くことにおいては非常に有利です。ピアノを弾きこなすのには長年の練習が必要なように、小論文を書くことも「試験前のつけ焼き刃」では絶対に身につけることのできない能力だからです。

小さな頃からの絵本の読み聞かせから始まり、できるだけたくさんの本を読んで、基礎をつくっておくことが、小論文を書く下地となります。

もちろん読み聞かせは、小論文など文系の分野に良い影響があるだけではありません。理数系の分野でも、「論理的な思考力」「判断力」がはっきりと力を発揮しますし、また「表現力」は芸術分野でも役立つでしょう。

そしてすべての学問に通じるのは「日本語の読解力」。これがあるかないかで、学力に決定的な差がつきます。ですから、一冊でも多くの本との出会いが、子どもの将来を決める、と言っても過言ではないでしょう。

できる子の親が「これだけはしていた」こと

難関校に合格した子の親に、子どもが小さい頃からやっていたことを聞くと、皆さん共通して「読み聞かせ」と言います。最近でも、わが子3人を東大に入れたお母さんが、0歳から徹底して絵本をたくさん読み聞かせたとインタビューで答えていました。これは実は日本だけではなく、欧米でも同じような話をよく聞きます。

ヨーロッパの古い絵画を見ると、**読み聞かせは何百年も前から、子どもの教育に取り入れられていることがわかります。**またリンカーンなど歴史的な人物の多くは、母に読み聞かせをしてもらっていたことを、手記に残しています。つまり読み聞かせは何百年にもわたって成功している、効果があることが証明されている教育方法なのです。社会が大きく変わっても、読み聞かせの効果は変わりません。

特に近年、読み聞かせが子どもの認知思考能力の発達に効果があるということが、広く知られるようになってきました。アメリカの政治家、ヒラリー・クリントン氏も、0歳からの子どもに「語りかけ」「読み聞かせ」「歌って聞かせる」ことが重要であると訴えています。

ヒラリー・クリントン氏は「子どもを抱っこしてかわいがるだけでなく、子どもには話しかけ、読み聞かせをしてあげましょう。**子どもにとって両親は、人生で初めて出会う先生であり、家庭は学校なのです**」と言っています。

読み聞かせは
究極の英才教育

ところで、あなたは「英才教育」という言葉にどのようなイメージをお持ちでしょうか。子どもが小さい頃から机に座らせてドリルをやらせたり、英語やひらがな・漢字、そして算数の計算を教え込む……。そんなイメージでしょうか。

もし、子どもを調教するように「詰め込み教育」をしたら、その子はどうなるのでしょう。ちょっときつい言い方ですが、私は「バカになる」と思っています。冗談ではありません。勉強はできても考える力のない人や、創造力、応用力のない人はたくさんいます。そのような人たちはもしかすると詰め込み教育の犠牲者かもしれません。

学校の勉強ができても、それだけでは社会では通用しません。世界の、そして将来の日本の一流大学・企業が求めている人材とは、「包括的に知的な人材」。つまり勉強もスポーツもできて、社会性もありリーダーシップも取れ、しかもボランティアをし、社会に貢献している学生なのです。もしくは特殊な能力があり、一芸に秀でている人です。

息子が10歳ぐらいのとき、ある大学教授がこんなアドバイスをくれました。

「コネクションが欲しければ有名大学に行きなさい。でも、大学で本気で学びたいことがあれば、教授で選びなさい」

箱ではなくて中身が大事。有名な大学でなくても、学びたいことを教えてくれる教授がいればいいのだということです。ただし、「学びたい分野の教授で選ぶ」という観点で大学を選ぶには、そもそも「何を学びたいか」という本人の方向性が明確でなければなりません。ですから**「考える力」と「夢」の両方を持った子どもに育てる必要があるのです。**

この本でご紹介している読み聞かせの方法は、一般的に考えられている英才教育のイメージとは１８０度違いますが、究極の英才教育ともいえます。

しかし、**実際にはおどろくほど簡単で、基本的なことばかりです。**本来なら誰にでもできることばかり。でも、ちょっとしたコツが必要なのも事実です。

「超・読み聞かせ」とは？

私がお勧めする読み聞かせのやり方は、一般的な読み聞かせとは異なる部分があります。私はこれを「超・読み聞かせ（パワーリーディング）」と読んでいます。

超・読み聞かせの概要

1 「対話型」の読み聞かせをする
2 本を「ネットワーク型学習」に結びつける
3 読み聞かせを絵本から本へ移行させる
4 読み聞かせを12歳頃まで継続する
5 読み聞かせを毎日の習慣とする
6 一日30分以上の読み聞かせをする

これが超・読み聞かせです。要するに、**一日30分以上の読み聞かせをできるだけ長い期間続ければいい、ということです。**毎日、数冊の本を対話型（48頁参照）で読み聞かせ、ネットワーク型学習（59頁参照）を続けたら、あなたの子どもは賢く、深い思考と知恵を持ち、多角的にものを考えることができる子に育ちます。**学校の勉強など、軽くこなせるようになるでしょう。**

そればかりでなく、**人の気持ちがわかり、他者に共感できる人になる**のも、読み聞かせの成果です。

また本のレベルが高度になり、読んであげる本が単純な絵本ではなくなった頃には、**毎日の音読は親にとっても学びとなります。**子どもを通じて私たち親は、大人になってからも学びの機会が与えられるのです。子どもの世界を広げるだけではなく、子どもを通して親の世界観も広がっていきます。

ただ、ここで鍵となるのは、親です。なぜなら、親が本気にならなければ、三日坊主になってしまい、一番大切な「続ける」ことができないからです。

本書では超・読み聞かせを上手に進めるための、考え方や方法をお伝えしていきます。できるかどうか悩むより、まずはやってみましょう。特別難しいことはありません。「やる」と決心しさえすれば誰にでも必ずできます。

読み聞かせは何歳まで？

子どもが自分で本を読めるようになると、子どもに読み聞かせをしなくなる家

庭が多いものです。超・読み聞かせは、「音読」といった方がイメージしやすいかもしれません。ただし、**子どもが自分で音読するのではなく、大人が音読をしてあげる**のです。

ではいったい何歳から何歳まで続ければいいのでしょうか。それは、**0歳から始めて、できるだけ長く**、と考えてください。

0歳からの絵本の読み聞かせは、将来、高度な本の音読を可能にするためのとても重要なプロセスです。簡単な絵本を読んであげるという、シンプルで基本的なことが、後の成長につながります。

小さい頃から親が読み聞かせをしていると、子どもは早い時期に自分で本を読み始めます。そうなってもそこで親が手放さずに、読み聞かせを続けられるかがターニングポイントになります。

このとき変わらず読み聞かせを継続することで、その後どんどん成長しても、親の読み聞かせを素直に聞ける習慣づけが容易になるからです。

深いレベルの読み聞かせ、高いレベルの音読は、子どもの脳を刺激して、めきめきと子どもの思考力を養っていきます。親自身が想像しなかったほど、となるかもしれません。

子どもの思考力を育てるエクササイズ

継続した読み聞かせをしていたわが家では、息子が8、9歳くらいの頃には、物理、科学、哲学や歴史についての本で読み聞かせをしていました。それにともなって、その頃息子は自分でも科学ニュースなどを読むことができるようになっていました。

私たちがよくやっていたのは、私が車を運転している間に、息子が読んだ記事について、私にわかるように説明してもらうというエクササイズです。

たとえば、がん細胞を縮小させる最新医療のニュースなど、息子が読んだ記事を

「私でもわかるように説明してね」と言って、説明してもらうのです。

もちろん私は、前もってその記事を読んで勉強しておきます。そして、息子が説明しているときに「今の説明だと、難しすぎてぜんぜんわからない。もっとかみ砕いて、やさしくわかるように説明してね」という具合に、トレーニングするのです。すると息子は、「ちょっと待ってて、もう一度、記事読んでみるから」と、今度は、わからない人にどう説明すればいいか考えながら、記事を読み直します。

大きくなっても「読み聞かせ」をするワケ

せっかく習慣づいた読み聞かせの効能をさらに深めるために、12歳ぐらいまでは読み聞かせを続けたいものです。わが家でも実際に息子にそうしました。なぜなら本は「親子のコミュニケーションのためのツール」だと捉えていたからです。ツールをどのように活かし、本を通じて親子のコミュニケーションがはかれるか、イメージ力、思考力を強化し、学びへとつなげていけるかは、親の取り組み方次第です。

息子が12歳になる頃には、読み聞かせに選ぶ本もずいぶんと難しいものになっていきました。

8世紀初めに書かれた、古典英語を理解する上で最も貴重な文章とされる、英雄ベオウルフの冒険を語る叙事詩や、紀元前850年頃の叙事詩人ホルメスの作品、またはダンテの神曲の地獄編など……。このようなかなり難解な古典文学まで読み聞かせのラインナップに組み込まれてしまった息子は気の毒なようですが、実際には彼は読み聞かせの時間をとても楽しみにしていました。12年の歳月をかけて、本を読むことが習慣となり、趣味になっていた息子にとって、難しい古典の読み聞かせも最高の時間だと感じていてくれていたようです。

難解な本の読み聞かせでも楽しめる素地を養うためには、単に本をたくさん与えればいいというものではありません。ただ絵本を読むだけでいいのなら、他人にしてもらってもいいですし、極端な話、音読の音声を大量に流していればいいのですから。

そのような方法が十分でないのには、理由があります。「子どもを理解する」という一番大切なことが、置き去りにされているからです。

親子のコミュニケーションを通じて、**親は子どもが「何に興味があるのか」「どのような疑問を持ち出したのか」などを理解できるようになります。**単に「絵本の中の言葉を覚えた」「字が読めるようになった」など、森の中の木一本一本についている葉っぱを見るのではなく、森全体を眺める視点を持つようになります。読み聞かせで全体像が理解できるようになれば、木や葉っぱも自然と見えるようになるものです。

目標は年間1000冊

どれくらいの量を読めば超・読み聞かせと言えるのでしょうか。

私は「年間1000冊」という数字を挙げています。

1000冊なんて、とても無理と思われるかもしれませんね。でも、「一日一冊」を習慣にすれば、それだけで年間365冊。そして一日一冊が習慣になったら、二冊に増やすことは簡単です。年間で730冊になります。さらにもう少しがんばって、一日三冊にしてみましょう。一年で1095冊になります。

もちろんすべてを買う必要はありません。古本や図書館をどんどん利用してください。わが家にある本も、古本ばかりです。

「1000冊の本も一冊から」。そこに到達するためのコツはあるのでしょうか。

『SWITCH 遺伝子が目覚める瞬間』（サンマーク出版 2012年）の著者、村上和雄博士はこのように書いています。

「いい結果を得ようとしたら、いいプロセスを経るしかない。逆に言えば、いいプロセスさえ経れば、おのずと結果はついてくる。だから、うまくいくだろうか、この先どうなるだろうと不安やマイナスの思考にとらわれるヒマがあったら、いいプロセスを積み上げていくことに力を注ぐべきだ」

これを１０００冊の本を読み聞かせすることにたとえるなら、

「とにかく一冊一冊、毎日読み続けること。そのプロセスを経れば、遠い先の目標である、１０００冊は必ず達成できます。先ばかりを見てまだまだと嘆いているのではなく、今目の前にある一冊に集中しましょう！」

というところでしょうか。

日々、読み聞かせを行えば、それはいつしか「習慣」になります。習慣になってしまえば、それは歯磨きと同じ。「やろう！」と決心しなくとも、らくらくできるようになります。

継続のためのカギ

読み聞かせというのは非常にシンプルな方法ですが、それを「続ける」ことが難

しいのですよね。それは私もよくわかります。ですから、続けるためには、**親に強い動機**が必要です。

「どうしてそれをする必要があるのか」「なぜそれをしたいのか」といった、行動するためのビジョンがなければ、この学習法を続けることはできません。ですから、まずはビジョンについて一緒に考えてみましょう。

組織の中でまじめに働いていれば、安定した生活を送ることができた時代とは違って、**今の子どもたちには、新しい仕事自体を生み出す「クリエイティブな能力」が求められています。**

しかし、これまでの学校の教育では十分ではないと感じても、私たち親自身が教わっていないことを、どのように教えたらいいのでしょうか。「こう育ってほしい」という願いはあっても、その方法を見つけるのは簡単ではありません。

ましてやたくさんの情報であふれ返る今日、子育てや教育の「魔法の杖」を探し求めて、右往左往しておられる方もいるでしょう。みんなと同じ方法、あるいは新しい方法に飛びつきたくなるお気持ちもよくわかります。

しかし、新しい時代を生きるために必要な能力を、親自身が子どもに与えてあげられる、**一番簡単で、一番確実な教育法**、私はそれが読み聞かせだと思うのです。

読み聞かせは、「国語力をアップさせる」「漢字を暗記させる」「学力をアップさせる」といった目の前の効果だけを求めるものではありません（そのような効果はいずれにせよ、読み聞かせをすることで自然と後からついてきます）。それよりも一番重要なのは、**子どもたちが幸せに生きるためにこれから必要となる能力を与えてくれること**。それがこのメソッドなのです。

なかなか続けられないのは

読み聞かせを行動に移せない、続けられない原因を探ってみましょう。

続けるためには、親が「ぶれない心」を持っている必要があります。この心があると、「子どもが座っていないから」「忙しいから」といった小さな理由で、すぐにあきらめてしまうことはなくなります。

継続するために大切なことは、次の3つです。

1 深い理解

読み聞かせの素晴らしさを深く理解している。

↓なぜ読み聞かせがいいことなのか説明できるほど深く理解していますか？

2 本心から信じている

心の底から読み聞かせの良さを信じている。

↓面倒くさいと思っていたら、その思いは声や表情に表れてしまいます。

3 大きなビジョンがある

わが子への読み聞かせを通じて、社会に貢献できると感じている。

↓成績アップといった小さなことではなく、「将来社会に貢献できる子を育てている」という思いが継続の力になる。

子どもの教育は長期でイメージする

「高い知性と教養を持ち、深い道徳心と思慮深さを身につけ、他者のために尽くせる人間を育てる」

「世界の人とコミュニケーションをし、自分の考えを伝えることができる」


これが超・読み聞かせの目標です。

子どもが将来、さまざまな学問に深い関心を持ち、学ぶことが習慣となっていること。インプットされたことを理解するだけではなく、アウトプットできる能力を持っていること。知識や思考を社会で活かすために行動できること。私たち親が目指すのは、そのような目的地です。

すごく難しいことのように聞こえるかもしれませんが、実際には地道に読み聞かせを続けるだけでいいのです。

未来の世界を握っているのは、今、揺りかごを揺らしているお母さん、お父さんたちの手です。

あなたが、自分の子どもの教育に責任を持ち、家庭で幅広い豊かな教育を与えてあげるとします。そんなちっぽけなことが、一体どうして未来の世界に影響を与えることになるの、と思われるかもしれません。しかし、親一人×何万人にもなったときには、社会は大きく変化することでしょう。

今、子育て中の親御さんたちは、「自分は何の

影響力もない」と思っているかもしれません。でも実は世界にとって、とても重要な役割を担っているのです。

私もその一人という自覚を持って、子どもを育ててきました。その気持ちがあったからこそ、地道な家庭教育を長い間続けることができたのです。

どうか、目の前の小さなことであきらめないでください。**「知は力」**です。子どもが将来をたくましく生きるために、毎日の読み聞かせを続けてもらいたいと思います。

COLUMN 1

英語の絵本の読み聞かせについて

実のところ、海外に住んでいる人たちでさえ、子どもを完全なバイリンガルに育てるのは難しいのです。そう考えると、日本に住み、英語を使うことのない親の場合、バイリンガルの子どもを育てるのではなく、

「将来、英語が好きになって、英語がある程度できる子どもに育てる」

と考える方が、現実的だと思います。

英語の絵本の読み聞かせをしても、二つの言語が同じ脳の領域にある完全なバイリンガルに育てることはできませんが、将来、**世界で通用する英語を使える人間を育てる**ことは可能だと思います。

多くのお母さんたちは、

「自分の間違った発音で英語の読み聞かせをするのは、子どもの英語習得に害があるのではないか？」

と考えがちです。でもそれは違います。たとえば、国連の会議などをテレビで観たことはありませんか。そこでは世界の国々のリーダーたちも、ちゃんと英語で話をしているとは言え、ほとんどの場合、彼らの発音にはかなりの訛りがあります。

私は20年以上アメリカに住み、アート・ギャラリーなど大勢の人と会う機会の多い仕

事をやっていたことから、のべ一万人以上の人たちと接してきました。

その経験からわかったことは、発音は良いに越したことはありませんが、それよりも大事なことは、**その人が何を言いたいのかという話の「内容」です**。つまり人が見るのは発音ではなく、その人の人間性と思考力なのです。世界にはさまざまな訛りの人たちがいますが、はっきり言って、通じればＯＫなのです。


正直に言えば、実は二つの点においてだけ、自分自身の実体験で、子どもの頃から英語に触れていなかったことのデメリットを感じることはあります。

一つは、耳が日本語のヘルツよりも、幅の広い周波数を聞き取る脳の回線は、やはり小さい頃に開発しておいた方がいいのかなあ……と感じています。私はただ今52歳ですが、英語で聞き取れないヘルツが以前よりも顕著になってきているためです。

もう一つは、身体機能と聞き取った言語を直結させる時間が、母国語よりも第二言語の方が遅いという点です。それはどういうことかと言いますと、母国語で「右手を挙げて！」と言われたら、考えなくても間髪を入れずに手を挙げることができると思いますが、第二言語で同じことを言われたとき、ワンテンポ遅くなってしまうということです。これは特に、スポーツをするときに感じます。

ただしこれらの問題は、とてもマイナーなものです。

マイナーな問題を克服しようと、やっきになって針の穴にはまってしまうのではなく、英語教育についてはもっと重要なポイントに視点をおいて判断したほうがいいと思います。

子どもに英語を身につけさせる技術については、特に移民の多い国の学校教育で取り入れている方法が参考になると思います。移民が多い国では、第二言語の教育の研究も進んでいるからです。

たとえば、息子が小学校の頃、同じ小学校にはヒスパニック（スペイン語を母国語とする南米系の人々）の移民の子たちがたくさんいました。ところが英語がネイティブではない子どもたちは、ネイティブの子たちとは別なクラスに入れられ、授業は英語ではなく彼らの母国語のスペイン語で行われていました。

私はその本当の理由を知らないときには、この時代でも公立の学校で差別があるのかと思ったものですが、ところが真の理由は、私のネガティブな憶測とは全く違っていました。

その真意とは、**小さい頃に大切なのは「母国語」で思考力をつけること、ということで、また第二言語の習得にも、母国語での思考力が大きく影響するということです。**

ネイティブではない子どもたちが、外国語で授業を受けた場合、子どもの理解力が低下するという研究結果があ

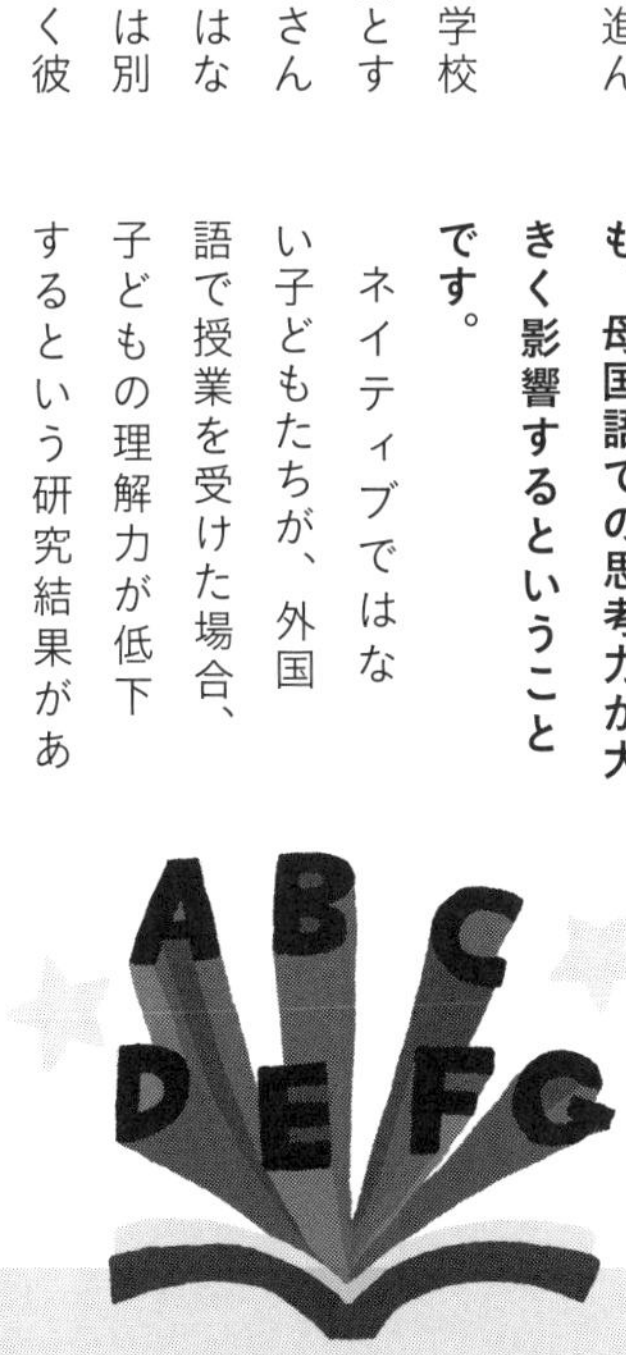

COLUMN 1

り、市の教育委員会は科学的に証明されている方法を学校教育に取り入れていたのでした。

ですから、少々矛盾するようですが、**子どもには将来英語を身につけてほしいと思ったら、一番にすべきことは、日本語の本をたくさん読んであげて、親子でたくさん会話して、子どもの思考力を養っておくことだと思います。**それが将来、英語を学ぶ上でも大いに役立つのです。そう理解した上で、英語の絵本を読んであげるのは、とてもいいことだと思います。

読み聞かせによって英語を教え込むというのではなく、「子どもがお母さんの声で、楽しく英語の絵本を読み聞かせしてもらうことで、英語を学習することに興味を持ったり、英語を学びたいという心が将来芽生えるための種をまいておく」という目的を忘れないようにしたいものです。

CHAPTER 2

本を200%学びに活かす「超・読み聞かせ」をやってみよう

本の効果を何倍にもする「対話型」の読み聞かせのコツ

せっかく読み聞かせをしていても、ただ書いてある文章を読んでおしまい、というのではもったいないことです。読み聞かせを推奨している人たちは大勢いますし、読み聞かせしている親御さんもたくさんいます。でも、ただ漫然と毎日数冊の本を読み聞かせれば、子どもは自然に賢くなる、というわけではないようです。

「対話型」読み聞かせで子どもの興味を引き出す

もちろん、単純に読み聞かせをするだけでも、やらないよりはやった方がいいでしょう。でも、同じように親の時間と体力を使うのであれば、より効果的な方法で行ったほうがいいですよね。

几帳面に文章を読み聞かせるよりも、もっともっと子どものイメージ力をアップさせ、本から派生する知識が増える方法があるのです。それが、**「対話型読み聞かせ（ダイアロジック・リーディング）」と呼ばれる方法です。**

対話型読み聞かせのやりかた

・「これは何？」「これはなんだと思う？」とたくさん質問をしながら読み進める。質問はタイミング良く。

・本を一緒に読みながら制約のない会話をする。「制約がない」という点が大切。答えがある話でなくてもいい。できるだけ子どもに自由に発想させる。

・子どもの興味にそって会話を進める。どんどん話がずれてもOK。親は一方的に会話を押しつけない。

子どもには同じ本を何回も読んであげることも多いと思います。そのため、毎回対話型読み聞かせをするのは難しいかもしれません。でも繰り返し同じ物を読んであげることも、それはそれで意味のあることですから、あまり気にしなくて大丈夫です。またときにはじっくりと、絵本を読むことに集中することも、絵本の良さを味わうためには大切です。

つまり、お話ししながら読んであげるときもあれば、そうでないときがあってもいいのです。「絶対にこうしなければならない」というよりは、臨機応変に、読み聞かせのスタイルをタイミング良く変えられるといいですね。親の気持ちの柔らかさと心のキャパシティー、もしくは適度ないい加減さも、ときには必要です。

一番大切なのは、読み聞かせのときの主人公は子どもだということ。

子どもが今、何を欲しているか、何に興味を持っているか、どうしたらこの子の興味を引き出せるのか、ということに、つねに気を配るようにしてください。

対話型読み聞かせの具体的方法

対話型読み聞かせで使える具体的な質問を、いくつか取り上げてみましょう。

◎「あなたはどう思う？」

子どもが質問してきたとき、すぐに答えずに、まずは「あなたはどう思う？」と聞き返します。オウム返しに質問して返せばいいだけです。たとえば、

「この人、どうしてこんな帽子かぶってるの？」

と聞かれたとします。そうしたら、

「この人、どうしてこんな帽子かぶってるのかしらね。あなたはどう思う？」

と聞けばいいのです。

◎一言で答えられない質問を考える

たとえば絵本を読みながら、

「この豚さんとこっちの豚さんとどっちが好き?」

と聞いたら、「こっち」と一言で答えられますが、

「この豚さんの方が、こっちの豚さんよりちょっと大きいね。なんでこっちの豚さんの方が大きくなったんだろう?」

など、一言で答えられない少しひねった質問をします。つねに「どうしてだろう?」「どうやったのだろう?」をキーワードに考えるようにします。

◎間違いはすぐに訂正しない

間違っていることを言っても、いったんは「なるほどね、そういうふうに考えるのね」と納得してあげた上で、正しいことを教えてあげましょう。

たとえば子どもが「雨は地面から吹き上がってくるんだよ」と言ったとします。明らかに間違っていることですが、お母さんは子どもの思考を否定せずに、「なるほどね、もしそうだったら面白いわね」というふうに一呼吸おいて、それはそれで

（そういう風に考えるのね）と認めてあげます。

もし子どもがそのようなことを言ったら、地面から雨が吹き上がってきたら、世の中は一体どうなるのか、子どもが想像をふくらませて考えないと答えられないような質問を、たくさんするといいでしょう。

「空から雨が降らなければ傘は必要ないわね。その代わりにどんな道具が必要になると思う？　思いついた道具を絵に描いてみせて」

などいかがでしょうか。

◎一緒に調べる、一緒に考える

子どもが質問してきたときには、親も一緒に学ぶモードになりましょう。

たとえば、お母さんが知っていることでもすぐに教えずに、

「じゃあ、それを一緒に調べてみようね」

という具合です。辞書の使い方なども、家庭で「わからないことがあったら自分

で調べる」ということを教えていれば、かなり小さい子でも身につけることができます。

勉強の先取りをするのなら、記憶をさせる勉強ではなく、自分で調べて学ぶ方法を教えたほうが、効率もいいですよね。さらに本人にとっても、「これを調べなさい」と勉強させられるのと、「なんだろう？　知りたい！」と好奇心を抱いたときに、自ら調べるのとでは、学びの楽しさに格段の差がでます。

◎合いの手を入れる

本の読み聞かせ中に、物語について子どもが何かコメントをしたとき、できるだけ合いの手を入れることを心がけましょう。合いの手の入れ方は、たとえば子どもが絵本を指差して「この裸の王様は○×△……」と話したら、「なるほど～」「へえ～」「そうなんだ～」「おもしろいね～」など、なんでもいいのです。合いの手を入れてあげます。すると話がどんどん広がっていくかもしれません。

こうした経験から、「自分が何か考えるとお母さんが反応してくれる」という思いが刷り込まれ、その後の思考活動に良い影響を与えます。

◎違う角度で考える

同じ物語でも、違った角度から考えると、まったく別な世界が広がります。何度も読んだ絵本を、ときには「主人公ではない人物がもし主人公になったら、ストーリーはどのように変化するか」などという違う観点から、子どもと一緒に考えてみましょう。

たとえば、誰でも知っている桃太郎の話を例に挙げましょう。

「もし桃を拾ったのが人間じゃなかったらどうなっていたかな？」

「もし桃から出てきたのが桃太郎じゃなくて女の子の桃子さんだったら、どんなお話になっていたと思う？」

「もし猿、雉、犬が、お供のお礼はきび団子じゃなくてお金をちょうだいと言ったらどうしようか？」

などなど、何でもいいのです。絵本を見ながら即興で、違った展開になる物語を子どもと一緒に考えます。子どもが小さくて、複雑なストーリーが無理であれば、

「どんぶらこどんぶらこと、桃が流れてきました。あ、ちょっと待って、川の水がなくなっちゃった。じゃあ、桃のところまで行って、一緒に転がしてあげよう～」

など、それなりに物語を変化させることもできます。この遊びは上手に誘導できれば、かなり面白くなりますので、ぜひお試しください。

◎本の主人公になりきる

絵本を読んだ後、絵本の主人公になりきらせて、演技をさせてあげます。

たとえば王様が出てくる絵本なら、頭に何かかぶせて、タオルをマント代わりにしてあげるだけでも十分です。そして「王様、今日のお食事はなにを召し上がりま

すか？」など、子どもがその役割に徹することができるように、お母さんもなりきって、子どもが演技しやすいように誘導します。たとえば、アーサー王になりきって、プラスチックの剣を石から抜き取る場面を真似をしたり、ブレーメンの音楽隊を読んだ後は、キッチンのマットを舞台にして、鍋をおたまで叩いたり、棒を持ってきて笛を吹くまねをしたり……といった調子です。

◎興味を持っていることにフォーカスする

本を読んでいるときに、子どもが興味を持っていないことには気を留めず、興味を持っていることに焦点をあてます。とはいえ（どうして興味を持たないのだろう？）と、イライラすることもあるかもしれませんが、そこでフォーカスすべきは**親が何を教えたいのかではなく、子どもが何に興味を持っているか**です。

たとえば、アメリカで生まれ育った息子は、4歳頃から10歳頃まで日本語を話すことを拒否していましたが、その間私は無理やり日本語を教えようとはしませんでした。実は教えたい気持ちはやまやまだったのですが、何年もそれを抑えていました。すると10歳になったときに、急に「今日から僕には日本語だけで話して」と、息子の方から言い出しました。それは、彼の中で「日本語を学びたい」という意思が生まれたからです。その後、息子は超高速で日本語を習得していきました。

本人が今何に興味を持っているか、その意思が重要なのです。

EXERCISE

次の方法で実際に読み聞かせをしてみてください。

1
「これは何？」「これはなんだと思う？」とたくさん質問をしながら読み進める。質問はタイミングよく。

2
絵本を一緒に読みながら制約のない会話をする。「制約がない」という点が大切。解答がある話でなくていい。子どもに自由に発想させる。

3
子どもの興味にそって会話を進める。どんどん話がずれてもＯＫ。親は一方的に会話を押しつけないこと。

興味を体験につなげる「ネットワーク型」読み聞かせのコツ

本を読むだけでなく、**知識と体験を実際の生活の中でリンクさせていきましょう。これが「ネットワーク型」読み聞かせです。**

本物を見る、触ってみる、実際にやってみる。そのような体験が、学びを一層深くしてくれます。

たとえば、絵本を通じて植物の話をしたとします。そうしたら今度は、公園に行って葉っぱを拾い、押し花をつくったりオブジェをつくったり、または草木染にまで発展させたり。虫眼鏡や顕微鏡で葉っぱを観察するのもいいですね。一冊の植物の絵本から、さまざまなことができるのです。

魚についての本であれば、図鑑を見た後に、実際に水族館に行ってもいいですね。あるいは魚屋さんで魚を一匹を買ってきて、子どもと一緒におろしてみるというような体験もいいでしょう。命について、生き物の体内についてなど、いろいろな学びに結びつけられます。

親がつねに子どもの「これなんだろう?」を学びのチャンスととらえ、深く掘り下げて子どもと一緒に学ぶ。そして、頭で学んだ知識を実体験させる。またはその逆もしかり。実体験を、本を通じて復習する。このように知識を派生させ、ネットワークさせていく方法が、家庭でできる最高の英才教育になるのです。

小さい頃からネットワーク型学習を家庭でたくさんしておけば、学校の勉強が始まっても何も心配することはありません。**子どもはすでに、「なぜ学ぶのか」「なぜ勉強するのか」ということを、深いところで納得しているからです。**

「概念を知るだけでは十分ではない。持つべきものは経験を通じて得る確信である」

――ギャルワン・カルマパ9世

人生の学びについての、チベットの偉いお坊さんの言葉です。これは子どもの学びにも、精神的な学びにも共通していることだと思います。

わが家では学校の勉強を教えたことはありませんが、息子が小さい頃から、つねに知識をネットワークさせていく方法をとっていました。また、子どもが自分で何かを生み出せることを重視していました。人が生きていくのに重要なのは、何よりも想像力と創造力を養うことだと考えていたからです。

暗記重視の勉強も、思考力と集中力、そして興味を持つ心が養われていれば、簡単にクリアできるものです。

意識して学ぶことができる、学習する意思の強さを養うことができるのは、親だけです。**賢い子を育てる一番の方法は「学ぶことを好きにさせること」**。このような家庭教育を、実際に毎日の生活に取り入れて実践すれば、間違いなくあなたのお子さんは、学ぶことは楽しいということが身につくはずです。

絵本からヒントをもらおう！

ネットワーク型学習といっても、親自身にある程度の発想力が求められます。そして、無の状態から何かを発想するのは難しいものです。

しかし、**絵本から派生させていくという方法を上手く活用すれば、なにも無から創造しなくても大丈夫なのです。**

子どもが、絵本の中の消防自動車が気に入ったのであれば、ブロックで消防車をつくってみてもいいでしょうし、お母さんが画用紙に描いてあげた消防車の絵を、ちぎってパズルにすることもできます。

また外に出たときに、消防署まで行って、実際に消防車を見せてもらうこともできます。息子が小さな頃、私たちは日本でもアメリカでも何か所も消防署に行って、よく本物の消防車を見せてもらいました。
「こんにちは～、子どもの教育のために是非、本物の消防車を見学させてください」
と言うと、みなさん快く見せてくれるものですね！

EXERCISE

絵本を読んであげているとき、または普段の生活から、子どもが今、何に一番興味を持っていると感じていますか。大人が考える、子どもの教育には「こういう物に興味を持つべき」という考えを、ここでは少し柔軟にして考えてみましょう。

極端な例ですが、たとえば、いつもパチンコ屋さんの前を通るときに、子どもが興味を示していたとします。そんなときは大人が考える「パチンコ＝悪いもの」という観念をひっくり返して、パチンコのからくりや、「ピタゴラスイッチ」の仕組みについて教えてあげることも可能です。

まずは子どもの興味にそって「何を教えてあげられるか」、知恵を絞って考えてみてください。

次から次へと芽ばえる「学びの芽」を見逃さない

子どもにとっては、日常生活のすべてが学びにつながっていると言っても過言ではありません。そんな時期こそ、親が子どもの「学びの芽」を見つけ、手助けしたり的確に見守ったりすることで、子どもは飛躍的に伸びていきます。

たとえば散歩をしているとき、小さい子どもが一枚の葉っぱをつまんであなたに見せ、「これな～に？」と聞いたとします。そんなときは大きなチャンスです。

（子）「これな～に？」

（親）「葉っぱだね」（終了）

……これでは、残念ながら子どもの世界が広がることはありません。
しかし、もしあなたがたった一枚の葉っぱを見ただけで、**子どもと同じように知的好奇心を持つことができたら、どんなに小さな事柄からでも世界は大きく広がっていきます。**

（子）「これな〜に？」
（親）「それはね、さるすべりの木の葉っぱよ。さるすべりの木はね、上の方に葉っぱとお花が咲くけど、下の方はツルツルしているから、おサルさんでもツルって滑っちゃうのね」

こんなところから会話が始まれば、あとは子どもの興味にそって、さまざまな方向に会話は枝わかれしていくはずです。たとえば「さるすべりの花」の話に展開したら、さまざまな色があることを教え、家に帰ったら、絵の具を使って色を混ぜ合わせて絵を描くことになるかもしれません。

または「さるすべり」の字は、決して「猿滑り」ではなく「百日紅」と書くことや、漢字に興味を持つ子なら、ほかにもどんな面白い木の名前の漢字があるのか、親子で一緒に探してみることになるかもしれません。一枚の葉っぱから、葉緑素の働きについて説明することもできます。お子さんが1歳でも2歳でも、教える内容は違っても、基本となるメソッド自体はまったく同じです。

検索を味方につけよう

「さるすべりのことなんて知らない」と思われた方もいるでしょう。確かにこのような話をするには、お母さん自身に相当の知識、それもかなり広範囲にわたってさまざまな知識が必要となります。でも安心してください。なぜなら、私たちにはインターネットという便利なものがあります。これを使わない手はありません。

もちろん親自身が本をたくさん読み、深い知識を持っているに越したことはありません。でも現代では「生き字引」のように多くのことを暗記していなくても、検索することで、世界に張り巡らされた人々の「知識のネットワーク」を活用することができるのです。

どんどん実況中継しよう

お子さんが特に小さくて、まだ会話にならない頃には、親の「説明」が子どもを伸ばす秘訣です。目に見えるものや、自分がしていることを、実況中継するのです。

たとえばこんなふうに。

「今、お母さんが持っているのはお鍋っていって、この大きさだと肉じゃがをつくるには小さ過ぎるけど、これからつくるのはそうめんの汁だから、小さいお鍋でちょうどいいのよ」

子どもの教育においては、「おしゃべりであること」はとても有意義な特技となります。ただ、もともとおしゃべりが好きなお母さんであれば自然にしている実況中継も、無口なママであれば努力しないとできないかもしれませんね。

でも、いつかその頑張りは報われるときがきます。「子どもに自分の行動をいちいち説明する」、ぜひチャレンジしてみてください。

「なぜ」「なに」が大事

そうはいっても、難しいという方もいるでしょう。そのとき、そのときで状況が違いますものね。でも、基本となるマインドさえわかっていれば、実はそれほど難しいことではないのです。

基本のマインドとは、子どもの「なぜ」「なに」を見逃さないということ。そして、見逃さず気づけるようになるためには、「自分は毎日、家庭で子どもを教育しているのだ」と、明確に認識していることが大切です。

たとえば子どもを叱るとき、大人の目から見て「わかっていて当然」と思うことであっても、子どもにとってはそうでなかったりすることが多いものです。にもかかわらず、子どもに理解できるよう教える努力をせず、「わかっていて当然」と考えている自分にも気づかずにいると、つい「なんでわからないの!?」とイライラしてしまいます。

でも、「子どもはわかっていない」と最初から思っていれば、怒る前に、深く深呼吸をするなどして自分の気持ちを整え直して、冷静に静かに教えることができるかもしれません。たったそれだけのことで、イライラする回数は劇的に減るはずです。

わかっていない子どもに、わかるように教えてあげるのが教育です。

まずは、**「子どもはあまりたくさんのことはわかっていない」ということに気づくことが大切**です。イライラして怒ってばかりいては、学びとは逆方向に進むばかかりです。

もちろん小さい頃は、いくら説明してもわかっているのかわかってないのか、よく見えないこともあるでしょう。そんなときにも、あきらめずにいつもきちんと説明し、ものごとの論理をちゃんと教えるように心がければ、ちょっと大きくなったときに、子どもとの会話に使っているたとえ話や、引用、複雑な語彙、難しい論理などが理解できるようになるものです。

逆を言えば、そういうことをまったくせずにいたら、子どもにそのような能力が身につくことはないのです。

EXERCISE

「ママ〜、ねえねえ、これ見て見て」と話しかけられたとき、「後でね」、「今忙しいの」と言ってはいませんか？

子どもの「ねえねえ、これなに？」「見て見て」に応えていない自分がいることに「気づく練習」をしましょう。まずは気づくだけでもOKです！

学びは色んなところにある

たとえばお母さんが料理をしているとき、お父さんが子どもの相手をしていたり、あるいはテレビを観させていることは多いのではないでしょうか。そうでもしなければ、ご飯の支度が進まなくて大変だったりします。

でも、ここは視点を変えて、子どもに台所の手伝いを積極的にさせてみましょう。

子どもはお手伝いをするのが好きで、なんでもやってみたがりますよね。小さな彼らは、お母さんやお父さんから課題を与えられて、自分で「仕事」をすることが大好きです。

「その気持ちはわかるけど……」という声が聞こえてきそうです。

「台所は包丁があったりして危険だから近寄らせたくない」

「手伝わせるとかえって時間ばかりかかるから」

そう思って、ついつい子どもの「やってみたい」という思いを退けてしまってはいませんか。

台所こそ、子どもにとっては大きな学び場です。むしろ積極的に子どもの教育に活用したい場所なのです。さっそく、今までやらせていなかったことを、ちゃんと説明してやってもらいましょう。

たとえば、味噌汁の具に使うために置いてあるアサリを、子どもが触りたがったとします。

「あ〜、あ〜、あ〜、触っちゃダメ〜」と言いたくなる気持ちもわかりますが、そこはぐっとこらえて、

「これはね、こうやって洗って塩水に入れておくと、アサリの口が開いて、砂を吐き出してきれいになるのよ」

と説明してあげながら、実際に子どもの手で触らせ、五感を使わせてアサリを洗ってもらいましょう。

そのとき、ちょっとできたからといって、ほめちぎらないよう気をつけてください。子どもはそうやって、自分の力を生活に活かせているというだけで、すでにうれしいのです。

子どもに仕事や課題を与えるときには、外因的動機（お母さんが喜ぶから〜をする）づけをしないように気をつけましょう。ほめてはいけないということではありませんが、やたらとほめる必要はありません。

言葉をかけるなら、具体的に言いましょう。

「すごいね〜できたね〜」

ではなく、

「お水をはねさせずに上手に洗えたね」

というように、やっていることを言葉にして、認めてあげるだけで十分なのです。

仕事を達成したときには、子どもの内側からわき出る喜びとなるよう、日常の小さなタスク（仕事や課題）をこなすことから、**自己効力感**（セルフ・エフィカシー）が養われるようにリードしてあげてください。自己効力感とは、「望む結果を得るために行動し、自分の力で達成できる自信が構築されている」ことです。これさえ子どもの心に深く刻み込まれていれば、将来、子どもが親から離れた後も、安心して見守ることができるものです。

なお、似た言葉で**自己肯定感**（セルフ・エスティーム）という言葉があります。自分の達成できる能力に自信を持つ自己効力感とはちょっと違って、自己肯定感は、「自分自身を価値のある存在であると認め、自己を尊重し愛することができる」というものです。

学びを広げていく

さて、アサリを洗ってもらった後は、

「何個あるか数えておいてね」

など、子どものレベルに応じた問題をさらに与え、単なる作業から、学びに発展させていきます。

たとえば3人家族の場合、15個のアサリを三等分に分けるとしたら何個ずつになるか考えさせた上で、実際に味噌汁ができたら家族分の器によそってもらうのもいいでしょう。そしてできることなら、アサリの作業で覚えたことを、後からお母さんが5×3＝15と紙に書いて教えてあげるところまで、発展させることもできます。

ご飯の後、残ったアサリの貝殻で子どもが遊びたがったら、これも学びのチャンスです。

「後で綺麗に洗って、これで何がつくれるか考えようか？」

または、貝が閉じていたときの数は15個だったけど、開いたときは両方数えると30になっているなど、アサリで二進法を教えることもできます。

このように、生活の中にはさまざまな教育のタネが転がっています。それを見つけだして活用するのも楽しくて、わが家では販売されている教材はほとんど買ったことがありませんでした。子どもに与える教育は、日常生活にあるものでまかなえます。そこから応用する方が、よっぽど面白いものがたくさんあるのです。

子どもに何を教えるか、これまでの「こういうもの」「こうであるべき」「こうすべき」という考えをいったん全部なくしてみませんか。そして、子どもが目を輝かせたことに注目しましょう。そこからどのように学びを広げてあげられるか、想像や発想を自由にふくらませて考えてみましょう。

EXERCISE

あなたが考える「こんなことは子どもには難しすぎて、教えても無駄に違いない」ということは、どのようなことでしょう。何か思い浮かぶことはありますか？

◆
◆
◆

または、「子どもには、まずはひらがなや足し算を教えてから……」というように、「こういうことを教えなくてはダメ」と思っていることはありますか？

◆
◆
◆

「本大好き！」な子にするには

興味に応じた本をさりげなく置いておく

わが家では主に夫が、ちょっとした会話の中で息子が興味を示したことに関連する本を図書館で借りてきて、何も言わずにダイニング・テーブルの上などに置いていました。それは息子が大学生になって家を出るまで続きました。

息子にとっては、興味のあることに関する本が、気がつくといつも目の前に置かれているわけですから、自然とそれらの本に手を伸ばして読んでいました。

子どもの興味や好奇心にそって、絵本の読み聞かせをしながら親が話をすること

で、子ども自身は自由に想像を巡らせることができます。絵本を通じて親子で会話ができるようになれば、それはもうただの絵本の読み聞かせではなくなります。絵本から派生したさまざまなトピックについて、お母さんお父さんと子どもが一緒に学べたら、素晴らしいですよね。

読み聞かせが好きになるコツ

では、子どもが本の読み聞かせが好きになるには、どうしたら良いのでしょうか。それには、親御さんの「誘導の技術」が鍵になります。

たとえば本屋さんや図書館、またはオンラインで本を選ぶとき、**子どもがどのような本が好きなのか、または嫌いなのか、自由に意見を言わせてあげましょう。**別な言い方をすれば、大人の押しつけだけで本を選ばないということです。もちろん小さな子どもたちが、自分自身で適切な本を選べない場合は、あたかも子どもに「自分の意思で本を選んでいる」と思わせる、ちょっとした策略を使います。

たとえば図書館で本を借りるときに、次のように言ってみましょう。
「今日は5冊借りようね。3冊はママ（パパ）が選ぶから、2冊は自分で好きなものを選べるかな？」

子どもの質問をさえぎらない

子どもを読み聞かせに参加させる方法として、「子どもの質問をさえぎらない」ことが大切です。自由にお母さんお父さんに質問できるようなムードをつくるようにしてください。そして本の内容にそった返答をしてあげましょう。

本は、現実のものごとを超えて、感情や感覚、時空を超えた世界など、抽象的な感性を刺激してくれます。と同時に、親が子どもと十分なコミュニケーションを取るためのアイテムです。**ストーリーの一体どの点が、子どもの現実、毎日の生活や体験に関連しているのか、そういった接点を見つけて話をします。**

幼い頃から本と現実の世界の接点を見つけられた子どもは幸せです。そこから知識や考察の幅を広げることができるからです。学校の勉強や塾のテキストだけから知識を得てきた子どもとは、たとえ現在のテストの点が同じであったとしても、後に知識の深さと感性に大きな差が出てくるはずです。

人生の始まりの時期における本の読み聞かせは、親が自分の子どもに与えられる、とても大切な宝物。

読み聞かせによって目の前のものごとを奥深く、さまざまな角度から見つめる練習をしておくことは、将来子どもが自立し、社会に出た後も、現実をスムーズ

に把握し、自分らしく生きる助けになるはずです。

学校の勉強と家での教育 H_2O

マーク・トウェインは、

「自らの教育を学校教育に邪魔されないようにせよ」

と言いました。学校での勉強とは、お子さんが学ぶことのほんの一部。0歳から就学前まではもちろん、まずは家庭での教育が第一だと考えましょう。

親によって子どもの教育の、せめて土台でもつくっておかなければ、わが子は他人の手によってのみ、教育されることになります。それは、子どもが出会う先生の資質や相性などによって、その子の教育のすべてが決まり、将来が左右されてしまうということです。それは大きな賭けではないでしょうか？

ですから、学校の先生には、「学校での勉強」を教えてもらう、あくまでも、親と一緒に子どもの教育の一端を担ってもらう、というふうに考えたほうがいいのではないかと思います。

たとえば歴史の勉強一つをとっても、ほとんどの学校ではある一つの角度からの見解しか教わりません。しかし一方向からの解釈を学ぶだけでは、ほかの角度から物を見るということができなくなってしまいます。ですから家庭で親は、違った角度からの歴史も教えることが大切です。

学校には期待しすぎない

学校の先生の仕事は学校の勉強を教えることですから、先生に対して「聖人君子であれ」というのでは先生も大変です。過度な期待をしないようにしたいものです。

それでも、学校でさまざまな人と過ごすことの学びは大きなものです。家庭では決して学ぶことのできない社会の縮図を経験できるからです。厳しい人、だらしない人、矛盾する人、意地悪な人。そんな人たちと一日一日を過ごすことが大切なのです。

学校は勉強を学ぶだけでなく「世の中は自分の思い通りにはならない」と学ぶ場でもあります。そんな学びのチャンスは、家庭ではなかなか与えてあげることはできません（一人っ子なら特にそうですよね！）。

ですから、先生のことが気に入らなくても、ネガティブな見方をするだけではなく、なるべく協力的でいたいものです。物わかりのいい親になることは、決して言いなりになるということではありません。学校にいい意味で期待をしすぎないというだけです。期待をしなければ、先生にしてもらっていることに感謝することができます。

さらに私たち親は、家庭でできることがあります。それは先生が学校で教える勉強を、子どもがスポンジのようにスイスイと吸収できる基礎をつくっておくことです。これは先生の仕事を楽にすることにもなります。

学校に行くまでの先取り学習については、もちろんやってはいけないということではありませんが、それは決してひらがなを書けるようにするとか、足し算引き算をできるようにしておくことではありません。なぜならそんなことは、学校に行き始めたら自動的に覚えるからです。それこそこの分野は、先生の仕事のテリトリーです。先生たちは毎年、何人もの違った覚え方をする子どもたちに、同じことを教えてきている経験がありますから、ここは先生にお任せしましょう。

子どもの頭が柔らかいときに大切なことは、家庭で学校の勉強を先取りすることではありません。前書きにも書きましたが、息子は小学校に上がる前、20まで数を数えられませんでした。数を数え始めると20まで数え終わる前に、お猿さんのように逃げていってしまうのです。しかたがないのでほうっておきました。

何といっても、日本人の識字率は１００％。そうです。読み書きを家庭で勉強させなくても、１００％誰でもできるようになるのです。簡単な算数の計算も同じことでしょう。

あせってドリルなどで勉強の先取りをしても、せいぜい2年くらい先に進むのが関の山。そのような勉強に時間を使うよりも、もっと土台の部分を育むことに時間を費やしたほうが良さそうです。

小学校入学前に親がしておくこと

それよりも小学校入学前には、「子どもにとって複雑で難解すぎでは？」と思えるような、さまざまなものごとのコンセプトを教えておくのがいいと思います。たとえば元素周期表。学生時代の私には、とてつもなくつまらなかった記憶しかないのですが、もし小さい頃に元素のコンセプトを親から教わっていたとしたらと考えたのです。元素記号を覚えることに、自分の中で意味づけがされた勉強は、きっとただの詰め込みとはならないはずです。

たとえば、身近な「水」を例に挙げて簡単に説明してみます。

「水素（H）と酸素（O）がくっついて水になるんだって。でもね、くっついている水素と酸素を離して分解することはできてもね、離された水素と酸素をまたくっつけて、水をつくることはできないんだって。

じゃあ、もともとはお水というのは、どうやってつくられたのかしらね？　お水は空から降ってくる雨と、あとはどこから持ってこられるかしら？　あのね、水素と酸素というのは、元素って呼ばれているもので、元素はほかにもたくさんあるのよ（と、お財布からコインを出して）。これも元素でできているのよ」

なんていうことを話しながら、息子には元素周期表をさりげなく見せておきました。このような話を子どもがわかる・わからないに関係なく、日常生活の中でお母さん、もしくはお父さんがつねにたくさん教えてあげることが、家庭での英才教育となるわけです。

子どもを「子ども扱い」しない

天才と呼ばれる人たちは、男親に育てられたとよくいいます。男の人は、比較的子どもを「子ども扱い」しない人が多いからかもしれません。大人と同じようにわかるものだと思って応対する。それがポジティブに作用することもあるのだと思います。（とはいえ、感情面などにおいては、大人と同じようにわかるものだと思って期待してはいけないこともあります。大人と同じように教えるといっても、「パパがあなたに怒鳴ることが多くなったのは、最近仕事が上手くいかなくてイライラしているからなのよ」などということは、もちろん説明する必要はありません。）

ちなみに、わが家では足し算引き算やひらがなを教える代わりに、子どもがとても小さい頃から、親はとにかく子どもに話しかけるようにしていましたが、もちろん子どもにとって（そして親にとっても）、世の中はわからないことであふれています。ですから、私たちも色々調べ物をしていました。

ヒューストンにアラン・パークウェイという名称の道路があるのですが、そこを通るときに道の名前を言うと、「なんでアランなの？」と息子に聞かれたことがあります。そんなことを聞かれても、たまたま通りかかった道の名前の由来など、わかるわけがありません。「お家に帰ったら調べてあげるね」と言って、私は、なぜ道路の名前がアラン・パークウェイなのか、家に帰って一生懸命調べました。するとヒューストンという街は、その昔ニューヨークから来た投資家のアラン兄弟によって、大きく開発が進んだという歴史的な事実があり、アラン・パークウェイは、その兄弟の名前をつけたことがわかりました。

次にまた、その道を車で走っているときに、調べたことを話して聞かせてあげたところ、小さな息子が非常に満足気だったのを、私は今でもはっきりと思い出せます。

詳細を教え込もうとしたり、覚えさせようとする必要はまったくありません。コンセプトを教えてあげて、**「世の中には知らないことがたくさんある」、そして「知ることは楽しい」ということを、親が身をもって教えてあげるだけで十分です。**

このような教育を子どもに与える中心にあるのはあなたの愛情です。親のエゴではなくて愛なのです。しかもあなたの愛とは、あなたの子どものみに注ぐ愛情のことではなく、自分自身が宇宙の一部となって、あなたの役目を果たしているという実感です。

つねにその気持ちを持っているのは、難しいかもしれません。親のエゴが見え見えになってしまうこともあるでしょう。ただ、親のエゴで子どもに接していると感じたときに、ふと立ち返る場所として、宇宙の一部として存在するあなた自身の愛が、中心にあることを思い浮かべてください。

EXERCISE

1

小さな子どもを持つあなたのお友達、もしくは育児や教育にあまり参加することのできないご主人に、早期から子どもに高度な教育を与えることは、素晴らしいことだと説明するとしたら、どのように説明するか考えてください。

2

家庭でお金をかけずに子どもに幅広い教育を与えるためには、次の条件をクリアしていることが必要です。

・親自身が知的好奇心を持つ（なんだろうと首をかしげる）
・子どもの目線に立ってものを見る柔軟性を持つ（ふむふむと理解する）
・創意工夫するクリエイティビティを養う（面白いことを想像する）
・一歩深く考えるくせを身につける（つねに、これでもかと考える）

思いっきり絵本の読み聞かせをし、そこから派生した知識を教え、そして頭で学んだ知識を体感させていく。大切なのは、それを意識すること。そうすれば、だんだんと習慣になっていくものです。

そしてこのような習慣を身につけるには、やはり毎日、**「試してみる」「実行してみる」「体験してみる」**ことが大切です。

読み聞かせは誰のため？

読み聞かせを続ける中で、さまざま問題が起こることがあります。大きく見ると
それらは次の二つ、

「『子どものため』それとも『自分のため』？」

「『愛』それとも『不安や恐怖』？」

から生じることが多いものです。

子どものためと思ってネットで推薦図書を検索し、その絵本を置いている図書館までベビーカーを引き、駅の階段を上り下りして、やっと手に入れた絵本。しかし、子どもはまったく興味を示さず、じっと座って聞いてくれません。

「あなたのためにこんなに苦労してるのに、なんなのーー!?」

なんてことはありませんか？

この場合、お母さん（お父さん）は本気で「あなたのため」と思っているのですが、よくよく自分の心の底を探ってみると「もしかしたら自分のためだったかも？」ということがあります。実はこれ、私自身の体験談です。

子どものためと言いつつ、その実は自分の気持ちを満たしたいためであったり、または「将来子どもが困らないように」と思ってやっていることは、心の底では「そうしておかないと私が不安」という気持ちがあったりなど、自分の心の奥の見たくない現実が現れてきたりするものです。

毎日の小さな本の選択であっても、「自分のため」ではなく「子どものため」、「不安や恐怖」ではなく「愛」を意識して選ぶことで、千里の道への道しるべがおのずと見えてくるものです。もちろん失敗することがたくさんあってもかまいません。そこから学び、子どもと一緒に成長できるのなら、どんどん失敗すべきです。

COLUMN 2

図書館での本の選び方

読み聞かせをするにあたって、まず最初にすること。それは、「図書館に行く」。これだけです。近くの図書館がどこにあるのか調べ、開館時間をチェックし、予定を立てましょう。

そのとき、できたら長時間いても楽な服装で。それでは面白くなければ、すごく着飾って出かけてもいいでしょう。

図書館で子どもの本を選びぶときは、子どもにも自由に選ばせてあげましょう。

どの本が良書かどうか、吟味する必要はほとんどありません。どんどん借りましょう。質より量です。「子どもに読ませる本をそんな節操のない選び方をしていいの?」と思われるかもしれませんが、質より量というのには理由があります。

私は現代美術のコンサルタントを10年以上していました。そのときに見る目を養うのは、質より量だということを学びました。素晴らしい絵画を観ることも大切ですが、数多くの駄作を観ることで、目で判断できる範囲を広げると、人に教えてもらわなくても、作品の説明を見なくても、観る作品の善し悪しは、自分で判断できるようになるものです。でも、100点の素晴らしい作品を鑑賞しただけでは、それはできるようにはなりません。たとえそれらが、世界最上の美術品であっても、です。

ピンからキリまで何万点という作品を鑑

COLUMN 2

賞すれば、素晴らしい作品は一目見ただけで「コレは！」とわかるようになります。絵本も同じです。良いもの、美しいもの、きれいなもの、正しいものだけを見せていたのでは、将来、自分で良書を選べる人にはなれません。

そもそも世界は、良いもの、美しいもの、きれいなもの、正しいものだけではないのですから、子どもには雑多なものを見せるべきなのです。**いいものを見ているだけでは幅広い考え方は養われません。**問題がある状態と問題がない状態の、二つの世界を見ることで、初めて問題が見えてくるからです。

図書館に行ったら、ぜひ雑多なものを見せてください。そしてそれらを見る子どもを観察し、彼らが何に興味を持っているのか、彼らの中から出てくる思考に耳を傾けてあげてください。そのときに、結果をすぐに求めないように注意してください。純粋に知りたいという気持ちを、子どもから奪わないようにしましょう。

そうして図書館に行くことや、本を買ったりすることが生活の一部となるにつれて、学びもどんどん広がって行きます。

CHAPTER 3

子どもを伸ばす「学び」の仕組み

読み聞かせで強化する！「3つの学習タイプ」

人間が持つ五感のうち、学習には主に3つの感覚を使うとされており、人それぞれに優先的に使う感覚が異なっています。つまり、何かを学ぶ際に主に「視覚」を使う傾向がある子、「聴覚」を使う傾向がある子、または「体感覚」を使う傾向がある子に分けられるのです。

視覚タイプ

・お絵描きや字を書くのが好き
・文章を読んだり、絵や表を見たりして情報を取り入れるのが得意

聴覚タイプ

・聞いたセリフなどをすぐ覚え、役になりきれる
・聞いたり話したりするのが好きで、情報は聞いて覚えて理解するのが得意

体感覚タイプ

・触ったり身体を動かしたり、動きを真似したりすることで学ぶことが得意
・興味のあるものに対しての集中力がすごい

しかし、これら3つのタイプのことを「知る」だけではまったく意味がありません。「ああ、うちの子は体感覚タイプだわ」「娘は完全に聴覚タイプに違いない」などと分析できたら、それを活かしていきましょう。

お子さんのタイプを確認したら、そこからもう一歩踏み込んで、視覚・聴覚・体感覚のバイパスがスイスイと上手くつながり、複数の感覚を同時に使える、もしくは使い分けることができるよう、導いていきましょう。**もしそれができたなら、学ぶことはとても簡単になります。**これは、包括的に柔軟にものごとを学べる能力を

育てるということです。

そしてこの3つの感覚をバランス良く使いこなせるようになるには、お子さんが当てはまるタイプ以外の感覚のトレーニング（この後の項目で説明）を意識的に行い、強化していけばいいのです。

視覚のトレーニング

息子が赤ちゃんのとき、私は横に寝そべりながらよく美術書や写真集をペラペラめくっていました。私自身がそれらの本を見たくてやっていたのでしたが、これは今思うと視覚のトレーニングになっていたと思います。

また息子が小さい頃から、美術館によく連れて行っていました。当時私は、アメリカの現代美術作品を日本の企業やホテルにコーディネートして設置するコンサルタントをしていたため、仕事柄ギャラリーの展覧会や、アーティストのスタジオにも数多く出かけていました。

そのように視覚を使っている際には、見ている物についてとにかく説明をしました。子どもが聞いていてもいなくても、理解していてもいなくてもいいのです。**大事なのは親の声と共に、物を一緒に見るという点です。**それによって子どもは、見ている物に注意を払うようになります。ですから、ただ素通りして見せるだけではなく、親自身が、目に入ってくる物について説明してあげたり、見ている物に「意識を向けることが大事」なのです。

視覚トレーニングは読書につながる

実際、具体的な視覚のトレーニングも行っていました。

寝る前に、指を左右に動かしてそれを目で追わせる、大きく円を描くように腕を回しながら人差し指を目で追わせる、または腕を八の字に動かしながら、無限のマーク（八の字を横にした形）を空中に描き、人差し指を目で追わせる練習です。

毎日10分以内のエクササイズでしたが、何年か継続してやっていました。**コツは毎日同じ時間帯にやるということです**。なぜならそうすることで、**歯磨きをしたりお風呂に入ったりするのと同じように、習慣化できるからです**。

対象に意識が向くと目線がそこに行きます。またその逆もいえます。目線がそこに行くと意識が稼動して身体が動きます。

アメリカでは17％の割合で、失読症という学習障害の人たちがいます。日本ではあまりなじみがありませんが、それは言語の違いがあるからかもしれません。女優のジェニファー・アニストンも失読症で、彼女は20代前半に検眼に行き、「文章を読む目の動きをコンピューターで追ったら、4単語飛ばしては2単語分視線が戻ることが発覚」したそうです。このことは、**目の動きと文章を読む力が関係していることを物語っています**。つまり読むということは、肉体的な行為なのです。

ボール遊びをしよう

子どもの視覚能力を遊びの中で自然と養ってあげる方法もあります。**それはボールを使った運動です。**

遠くから近くに、近くから遠くに、左右に、さまざまな方向に動くボールを、子どもたちは遊びながら、自然と目で追います。親が強制しなくても、一生懸命目でボールを追うことでしょう。キャッチボール、ピンポン、テニス、またはバドミントン。小さい子でしたら、弾ませたボールを追いかけるだけでも遊びになります。とにかく眼球が上下左右にたくさん動くエクササイズで、しかも同時に身体を動かすことであれば、自然と神経回路が開かれると思います。子どもが遊びながら楽しくできることを見つけてください。

聴覚のトレーニング

これはたくさんの絵本や本の読み聞かせで十分だと思います。大切なのは質と量。ものごとを学ぶときに必要な聴覚は、読み聞かせで養われると思います。

しかし「量」の問題が親を悩ませています。

「子どもがお話を聞いてくれない」

「絵本を見てくれない」

などの理由から、読むのをあきらめてしまったこともあるのではないでしょうか。

ここで、考え方を変えてみましょう。「子どもは、そもそもじっとしてなどいない」のです。ですから、子どもを大人しくさせようと考えるのではなく、じっとしない子どもへの対応として、やり方を変えるのです。

わが家も同じでした。息子はハイハイができるようになると、私が持っている絵本をもぎ取ったり、絵本などチラっと見るぐらいで、絵本に注意を払う素振りなど、少しも見せてはくれませんでした。

そこで私は、息子が絵本をもぎ取りたそうにしていれば、ほかの絵本を床にばらまきました。すると私が音読している間、息子は本をバンバンやったり、投げたり、噛んだり……好きなようにしていました。

少し大きくなっても、絵本の読み聞かせをしているときには、椅子に飛び乗ったり、でんぐり返しをしたり、ジャンプしていたり、もちろんじっとなどしていませんでした。**でも私はそういう息子の後にくっついて、平常心で本を読み続けました。**なぜ平常心でいられたのでしょうか。それは息子が、私の声を聞いていることを知っていたからです。そのようにして、私は日本語で読み聞かせ、夫は英語での読み聞かせを同じようにしていました。

聞いていないようで聞いている

子どもは聞いていないようですが、意外と聞いているものです。お母さんの読み聞かせの声を聞きながら、自分で創り上げたイメージが、映像のように流れているかもしれません。特に絵本を卒業した後の、文字だけの本を音読してもらうことは、頭の中でイメージを創り上げる最強のトレーニングとなります。

聴力のトレーニングは、同時にイメージ力を養うトレーニングにもなります。ものごとをイメージ化する力が養われていれば、自分の将来をイメージし、人生を形創ることにもつながっていきます。また、スポーツ選手はイメージ・トレーニングをすることで、身体の動きをまずは脳に伝え、新しい技術を身につけます。そのように、現実的で具体的な学習や運動にも、イメージする力は生きる上でとても大切な能力となります。

たくさん音読をしてあげてください。あなたの声を聞きながら、子どもの頭の中にはさまざまなイメージが流れているのです。

身体のトレーニング

特に男の子のお子さんをお持ちの方へのアドバイスです。どうも多くの男の子の脳は、動くことで活性化されるようです。ということは、**彼らはじっと坐っていては学びにくいということ。**ですから、読み聞かせをしているときに、身体が動いてしまうとか、立ち歩くとか、そのようなことで叱っていては学べなくなってしまいます。これは科学的にも証明されていることです。

うちの息子の場合は、何かを考えているときには、物を触る癖がありました。たとえば本を読みながら、私が置きっぱなしにしておいた、ブレスレットをいじくりまわしているとします。そういうとき、私は何も言わずに、ブレスレットを息子の手からそっと取って、代わりにペンなど、壊れないほかの物とすり替えていました。

なぜならそういうときに、「壊れるから触らないで」とか、「本を読むことに集中しなさい」といっても、生理的に無理だということを知っていたからです。

わかっていることを、わかってあげる

言葉ではなく身体で表現する傾向のある子は、何をどのくらい理解しているのか言葉を使って表現しないために、「わかっていない」と誤解されてしまいます。大人が「わかっているということをわかってあげる」観察力が必要です。

現代社会では、頭や言葉で考えることが優先され、身体で感じることがおろそかになりがちです。できるだけ身体を使った体験を子どものうちにさせることは重要なことです。

実際、たくさん身体を動かしておくと、勉強も効率的に進みます。勉強ができる子に育てるためにも、まずは身体を動かして鍛えておきましょう。**長い目で見たら、身体の運動、手先の仕事、他者と関わらせる体験などが、後々の学習に結びついて**

いくのです。

「リスペクト」なしには学べない

禅の講話に「なみなみ注がれた湯飲みには、それ以上お茶を注ぐことができない」という話があります。いくら良い教えがあっても、湯飲みを空にしなければ、それ以上お茶を注いであげることができないように、教えを与えることはできないというたとえです。

小さな子どもは、湯飲みが空の状態ですから、自然とさまざまなことを受け入れて学んでいます。ところがだんだん大きくなると、それが難しくなるのです。

息子が8歳くらいの頃、スイミングに通い始めた頃のことです。息子のことを、きつく叱ったことがありました。

それは、コーチが次にやることを指示したときに、息子はコーチが言ったことを繰り返して言い、「それをやるんですか？」と質問したからです。

そんな態度を見て、私は言いました。

「今はあなたが自分で泳ぐメニューを考えるのではなく、与えられたことを覚える段階よ。何年も何人もの子どもたちを教えているプロのコーチに、まだ何も知らない分際でありながら、疑問を投げかけるとは、コーチに対するリスペクトに欠けているわ。自分を何様だと思っているの。今は言われたことを、どうしたらできるようになるかだけに集中しなさい。練習の方法を考えるのは、コーチに任せなさい。それはあなたが考えることじゃない」

私がこうしたしつけに厳しかったのは、**他者をリスペクトし、誰からでも学べる姿勢を身につけることが重要だと考えていたからです。**

いずれ社会に出たときには、たくさんの人から学ばなければなりません。傲慢にならずに、ときに自分はすでに知っていることであっても、一歩引いて人から学べなければ、自分が何を知らないのかということさえ、知らずにいる無知な人間になってしまいます。

無知な者のほうが自信がある

「ダニング・クルーガー効果」という、心理学の理論があります。この理論が教えてくれるのは、ものすごくストレートに言いかえると、「頭の悪い人は、自分が何を知らないのか知らないが故に、自信がある」ということです。

反面、**ものごとを知れば知るほど、知らないということを知ることになり、もっと知る努力をするようになるのです。**

どんなに一生懸命子どもを教育しても、その子に他者をリスペクトするしつけをしていなければ、子どもが学び続けることはできません。では、人をリスペクトすることを家庭で教えるためには、親は何をしたらいいか。次に挙げるのは、わが家でモットーとしていたことです。

1　親は、家族や親族の悪口を言わない、言わせない
2　親は、家族や親族を尊敬する
3　親は、配偶者を立てて尊敬する
4　親は、指導者の悪口を言わない、言わせない
5　親は、友達の悪口は言わない、言わせない
6　親は、返事はきちんと丁寧な言葉で言う
7　親は、大人の話に許可なく入らない
8　親は、人の話が終わるまで待つ
9　親は、子どもと親との上下関係をきちんと保つ

まずは親や家族に対し、尊重し尊敬することができれば、家族以外の他者へのリスペクトも、自然に持てるようになると思います。それを教えてあげられるのは、親自身の姿勢、そして振る舞いなのです。

学ぼうとしないときには

息子はミドルスクールの6、7、8年生（中学校1、2、3年）のときには、まったく勉強をしませんでした。しかしその頃、私は息子の勉強にはほとんど口を出しませんでした。家で勉強しているのを見たときに、「おっ、勉強してるなんて珍しいね。写真撮っていい？」なんて、からかっていたくらいです。

学年主任の先生から聞いた話によると、息子は嫌いな先生の授業では、やった宿題を机の上に広げておきながら、先生にわざと提出しなかったそうです。どうも計算してやっていたらしく、テストの点で高得点を取っていれば、提出する宿題が何％以上であれば、成績表はAになるということをわかっていたようでした。
その当時、息子は学校で起こっていることを、私たちにはまったく話ししませんでした。しかし、何年か後に話を聞くと、彼が嫌いだった先生は、授業中にお酒の匂いがし、しかもヒスパニックや黒人の生徒に対し、差別をしていたということでした。

ハイスクール1年生になっても、息子は勉強をしないパターンを引きずり、入学してからすぐ、宿題をやらない、授業中寝ているというように、ミドルスクールのときと同じことをしていました。これは「ドゥーゲン（息子の名前です）問題」とよばれ、学校で職員会議が開かれるくらいでした。テストの点はいいので、先生も息子の態度をどう変えたらいいのか、余計に困っていました。数学の先生は成す手立てがなく、「問題を解けたら、人に迷惑さえかけなければ何をしててもいい」と息子に言い、息子は授業中の大半、先生の目の前で寝ていたそうです。

そして、その様子を校長先生に見られてしまい、息子ではなく、そうすることを許していた、数学の先生が窮地に立たされてしまいました。

ある日突然、私は急に「今言っておかなきゃいけないことがある」という気持ちになり、私と息子だけになったときに、話をしました。というのも、夫がいると夫のためにいつも英語で話をするのですが、このことは母国語じゃないと私が本当に伝えたいことが伝わらないと考え、あえて日本語で話したのでした。

「先生や親に言われるからって、勉強する必要はないのよ。先生だからといって、自動的に尊敬できるものじゃないというのもわかる。私はそんなことで叱りはしないけど、今から息子としてじゃなくて、一人の人間として言いたいことがあるから、ちょっと話を聞きなさい」

と言いました。その頃の息子は、いつもなら「うるさいな」と言って、すぐにどこかに行ってしまっていたのですが、きっと私の本気モードが伝わったのだと思います。そのときは神妙に聞く耳を持ち、私の前に、子どもではなく一人の人間として坐っていました。

「やれないのなら仕方ない。できない子ならほかの特技を磨けばいい。でも、やれるのにやらない、というのだと話は別。あなたが持っているギフトは、それを無駄にするために与えられたものじゃない。しかもそれは自分一人のものじゃない。人にはそれぞれに特別なギフトが与えられていて、与えられたギフトというのは、たとえ持っているのは自分だとしても、自分の所有物ではないのよ。でも、ここ数年のあなたを見ていると、どうも天から貰った贈り物を、粗末に扱っているとしか思えないわ。そんな自分勝手なことでいいの？　しかも、今さまざまなことを学べる環境を、一体どうやって与えてもらったと考えているの？　私たち親は、あなたが小さい頃から教育してきたわ。その背景には、あなたの両親が、おじいちゃんおばあちゃんから、子どもに教育を与えられる知恵を与えてくれたからよ。おじいちゃんおばあちゃんは、本当はきっと自分たちが、あなたのように教育を与えてもらいたかったはず。でも、彼らの世代ではそれは無理だったのよ。しかも第二次世界大戦で生き残って、そして子どもたちを飢えさせることなく、あなたのおじいちゃんおばあちゃんを育ててくれた、ひいおじいちゃんやひいおばあちゃんがいたのよ。さかのぼれば、もっともっとたくさん祖先のおかげで、今あなたがいる環境を与えてもらっているの。それをまるで、今日、自分でつくったもののように、粗末に扱って、あなたは一体全体、この数年何をやってるの！」

と私は言いました。

すると息子は、今度ばかりは真摯に受け止めたようで、それ以来、急に人間が変わったように、猛烈に勉強を始めました。

子どもたちが得た知識は、先人から受け継ぎ、次の世代へ渡すためのものです。

与えられたギフトを無駄にしているようなときには、このように言って聞かせることも必要だと思うのです。

ときには本気でサバイバルさせる

息子が11歳のとき、私は夏休みに一緒に仕事をすることを思いつきました。そしてサバイバル・モードを引き出すために、息子に嘘をつきました。「税金を6000ドル（日本円で70万円以上）払わなければ、税務署がやってきて家財道具を持っていかれてしまう」と大真面目に話したのです。

なぜそんなことをしたかと言えば、その頃息子がちらほらと、親に口ごたえするようになったからです。そこで「これはきっと切羽つまって生きていないからだ」、

「だとしたら崖っぷちに立たせてやろう」と考えたわけです。

実際にその頃、私は個人事業主で、払わなければいけない税金があったことは嘘ではありません（だからと言って、税務署が家財道具を持っていくほど、切羽つまっていたわけではありませんが……）。私は息子に言いました。

「この夏に6000ドルをつくらなければいけないの。それにはあなたの助けがなければできないのよ。だから今年の夏休みは、家族の危機を救うために、私たちは遊ぶことはできないの。で、もし手伝ってもらうとしたら、これは決して遊びではなくて真剣な仕事。仕事をするときは、私はあなたのお母さんではなく、あなたのボスになるのよ」

さらに、

「会社のボスに口ごたえして、言うことを聞かなかったら、社員はどうなると思う？　クビになるよね。私と一緒に仕事をするのも同じことよ。ただ、もしあなたがクビになったら、家族は生きていけなくなるわ。とにかくボスの言うことは絶対命令よ。しかも仕事中は子ども扱いはできないけど、それでもやっていけると思う？」

と言うと、

「わかった、僕やるよ」

と、息子は夏休みの間、私の仕事を手伝うことに同意してくれました。

息子にしたら、本当に税務署が家に土足でずかずかと入ってきて、家財道具を持っていかれてしまうと思ったのですから、選択の余地はありませんでした。サバイバルです。

私と息子はその夏、骨董品の競売で競り落としてきたアンティークを、日本のネットオークションに出品するというビジネスを行いました。

アンティークの競売場には、子どもはうちの息子一人しかいませんでした。そこである人物に話しかけられました。その方は教育委員会の元トップだったということもあり、私が息子の教育も兼ねて来ていることを知ると、大変興味を持ってくれました。息子はその方（「ドン」と呼んでいました）にとても気に入られ、いつもドンの隣に座り、競売で競り落とすときのコツなどを伝授してもらいました。おかげで競売に行き始めてからすぐに、競りの手の動かし方などは私よりも上手になっていました。

結果として、夏の間に目標通り６０００ドルの利益を得ることができました。オークションには仕入れ、マーケティング、カスタマーサービス、商品管理などなど、大規模なビジネスとまったく同じプロセスが、縮小され凝縮されています。

さらに、息子には仕事上のモラルを教え、ボスに話をするときのタイミングや態度を教え、競売での大人への接し方、実際の競売など、ビジネス全般の流れを、その夏の間に教えることができたのです。

しかも、その後は親への口ごたえをしなくなりました（笑）。これは大きな収穫でした。

最後には、息子が行きたかったシーフードレストランに、家族でお祝いに行くことに。**そのときの達成感は「やればできる」という自信として、彼の血となり肉となったようです。**

私がやったことは極端かもしれませんが、家庭で子どもに仕事を教えることは、割と簡単できることです。**大切なのは、そこに「本気モード」があること。**料理、掃除、洗濯など、「やってもらわないと、家族がやっていけない！」というくらいの、本気度があることが前提です。家族の一員の仕事として、本気でやってもらうのです。

学びに通じる「叱り方」のコツ

どのような叱り方をしたらいいのか、どのような話し方をしたらいいかなど、表面的なことはそのときどきに応じて変わると思います。**大切なのは、「叱るときは子どものため・子どもに学ばせるため」ということ。**親が子どもをコントロールしたり、親の気持ちを楽にするために叱るのではないという基本はどんなときも同じです。

英語でいう「コンセクエンス」とは、ある行動を選択することで導かれる結果です。たとえば、水にドボンと大きな石を投げたとします。すると水が跳ね返りますが、その跳ね返る水がコンセクエンスです。

危ないことをして転びそうだったら、転ばせて痛い思いをさせるのもコンセクエ

ンスです。最近は転ぶ前に子どもを守ってしまう親御さんが多いかもしれませんが、それは子どもの学びを奪うことにつながります。つい手を出したくなっても、そこは我慢。年齢と能力を見ながら、コンセクエンスによって学ばせてください。

小さい子にも説明をする

難しくてわからないと思っても、小さな頃からどのようなコンセクエンスがなぜ起こったのか、つねに説明しておくと良いと思います。そうすると、大きくなったときに身体を張って体験しなくても、考えただけで理解できるようになるからです。

うちの子がだんだんと論理が通じるようになってきたのは4歳くらい。それまでは、ロジカルな思考はまったく通用しませんでした。でも私は、息子にはいつも根気よく、淡々と説明していました。まわりの大人たちから「そんな難しいことを小さな子に話したってわからない」と何度も言われましたが、それでもつねに説明をしていました。といっても、理解させようと思っていたのではなく、ただ単に解説をしていたという感じです。

でも、4歳以降になってからは、理解度がぐっとあがりましたので、それまで説明をしてきて本当に良かったと思ったものです。

少し大きくなってきたら、質問をするということも必要だと思います。どんな結果になるのか自分で考えさせるのです。ただ叱るときだけは「なんでそうしたかったの？」と質問してもうまくいかないので避けましょう。

わが家では、**起こり得る可能なコンセクエンスを提示して、子どもに選択させていました。**

「〜したら○○になるけど、××すると△△になるよ、どっちにする？」

というふうに。

たとえば、小学校に入ってすぐの頃、宿題をやりたくないと言った息子に、「宿

題をやりなさい」とは言いませんでした。その代わりに、

「宿題をやってもやらなくても、どっちでもいいけど、もし宿題をやらなかったら、先生に怒られて恥ずかしい思いをするのは、私じゃなくてあなたよ。でも宿題をやったら、明日、気持ちよく学校に行けると思うけど、どっちがいいかは自分で決めてね。そして、それを8時までに選択してね。8時を過ぎてから、宿題をやりたいって言ってもやらせないからね」

と言い、息子に自分で選択させました。こういうとき、口調は優しくても、親が腹をくってから、本気で話をしなければいけません。

このとき息子は、宿題をやる道を選びました。なぜなら8時になったらやらせないというのは、母はそう言っているだけではなく、本気でそうするのを知っていたからです。その件以来、小学校を卒業するまで、息子が宿題をやりたくないと言うことはありませんでした。選択の責任は、親ではなく自分にある、そして自分が選択した結果のコンセクエンスが、自分に降りかかってくるということを、小さい頃

に学んでいたからです。

余談ですが、私は叱るときには必ず身体に手を触れているか、叱った後に必ず抱きしめるということを習慣にしていました。そして、子どもを「愛している」ということを言葉でも表現していました。ボディランゲージでのフォローや、後からきちんと、「私はあなたを愛している」ということを伝えていれば、たとえ必要にかられて厳しく叱ったとしても、子どもの中に寂しさが残らないような気がします。

成長につながる「ほめ方」のコツ

頑張っている子どもをどうほめたらいいのかをお伝えしておきたいと思います。

- **やったことを認める**
- **良くできた点に気づく**
- **否定はせずに、次なる課題を投げかける**
- **次の課題は本人に決めさせる**

たとえば、子どもがお片づけをしたとします。まずは「自分で片づけられたね」と、やったことを認めます。そして「たくさんあった本も、全部自分で本棚に戻すことができたね」と、良くできた点に言及します。次に「今日は30分かかったけど、明日は今日より短い時間でできるかな？」と課題を投げかけます。そしてもし本人が、「多分、25分でできると思う」と言ったら、次の日親は、早く片づけなさいと言わなくても、「何分かかるか時計を見ておいてあげるね」と言えばいいだけです。

ほめ方にもコツがあります。ただ「すごい、すごい」と繰り返すだけでは、子どもの成長は望めません。

ほうれん草を食べては「すごい」、砂の山をつくっては「すごい」、お皿を取ってきては「すごい」……北アイオワ州立大学教育学部のリタ・デブリーズ教授によると、このようなほめ方を「シュガー・コーテッド・コントロール」と言うそうです。

つまり、親は子どもを甘い言葉でコーティングして結果的にコントロールしようとしているということです。このようなほめ方をしていると、子どもはつねに大人の反応を見るようになってしまいます。

ご褒美にも注意が必要

言葉だけでなく、ご褒美にも同じことが言えます。「～したら〇〇を与える」というやり方を、外因的動機づけと言います。このような方法をとっていたら、ご褒美がなければ何もできない子になってしまいます。

学習に必要なのは、内因的動機を持たせること。

「学ぶことは楽しくて気持ちが良い」

という、内からわき出る達成感を学ばせることが大切なのです。

現代社会においては特に「与える」ことについて、よくよく深く考えた方が賢明かもしれません。おもちゃやお菓子や、甘い言葉だけでなく、たとえばコンピューターやゲーム、または情報へのアクセスなど、現代の私たちは、１００年前の大金持ちでも手に入れられなかったものを、やすやすと手にすることができます。贅沢な物や環境を、自分の子どもに与えることができてしまうのです。

与えられることのありがたみを学ばず、感謝の心を持つことを教育されていなければ、「もっと欲しい」と欲にはキリがありません。

息子を育てていたときに一番難しいと感じていたことは、「与えない」ということでした。そして「自分のためだけに何かを欲する」というエネルギーを、「他者と分かち合うために欲する」ことにシフトさせるにはどうしたらいいか、とても考えさせられました。

簡単な話をしますと、クリスマスにサンタクロースからプレゼントしてほしいというのではなく、自分よりも恵まれない子どもたちにサンタクロースから多くのプレゼントが届けられるよう願う、という気持ちのある子に、親は一体どうしたら育てることができるのでしょうか。それには、多角的に世の中のことを知る必要があるでしょうし、他者の気持ちを想像できるイマジネーションも必要です。

ここでピンときた方もいるかと思いますが、そうした**心の教育には、読み聞かせ**

がとても効果的であったと、私たちは考えています。

親が与えてあげられることでいえば、親に愛されているという安心感は、たっぷり注ぎすぎたとしても、もちろん問題はありません。「お母さんとお父さんは、あなたのことをすごく愛しているのよ」と親の心そのものである、嘘いつわりのない無償の愛を、言葉や身体で表現し、子どもに確固たる安心感を持たせてあげましょう。そうすることで、本当の意味で自分に自信のある人間に育つのではないでしょうか。そうなって初めて、他者への貢献ができるようになるのだと思います。

COLUMN 3

「考える習慣」は何歳からでも養える!

読み聞かせはもちろん小さい頃から始めるに越したことはありませんが、大きくなってからでも遅くはないということを、私の姪の経験に基づいてお話させてください。

姪は高校1年生を修了した後、私たちが住むテキサスの高校に1年間、留学をしました。彼女がテキサスに来たのは、日本の春休みからです。ですからこちらの学校が始まる9月まで、約5カ月間、英語を覚える時間がありました。

しかし、正直に言って、彼女は勉強があまり好きではなく、日本では偏差値が中くらいの公立の高校に通っていましたが、成績はあまり良い方ではありませんでした。英語がちんぷんかんぷんな姪がわが家にホームステイで来た当初は、これから入る私立の高校でネイティブの学生に混じって、どれだけ英語力をつけて勉学に追いついていけるか、私と夫は、彼女がよっぽどやる気になって頑張らない限りは難しいと考えていました。

とりあえず高校に編入するまで、英語学校に通うことにはなりましたが、それだけではネイティブの生徒に混じって英語で普通に授業を受けられるようにはなりません。

私は考えた末、彼女のベッドの脇に、うちにあったドフトエフスキー、ヘルマン・ヘッセ、パール・バック、太宰治、芥川龍之介など、昔読んで処分せずに取っておいた、日本語の文学書を山積みにしました。テキサスでは思うように日本語の本の選択はできませんが、数か月びっちりと読書できるくらいの本は、なんとか私の本棚からかき集めることはできました。そして彼女に、英語を勉強する合い間にそれらの本を読破するように言いました。

なぜ日本語の本なのかというと、姪にとっては、まずは日本語での読解力をつけることが、新しい言語を学ぶために欠かすことのできないプロセスだと考えたからです。

ちなみにティーン・エイジャーの彼女が、どうして叔母さんと叔父さんの言うことを素直に受け入れたのでしょうか？ もちろんアメリカに来るということ自体、それなりの覚悟があったわけですが、私たちは姪が来てすぐに、いきなり勉強を押しつけたわけではありません。まずはこちらの生活に慣れると同時に、ここでの生活は楽しいと感じてもらいたいと思いました。

ある日、彼女を連れてカフェで遅いランチをしているとき、周りには素敵な女性がたくさんいました。姪は、

「あの女の人たち、どうして昼間からこういう所に来られるの？」

と言いました。私にとってはごく普通の風景だったので、なぜそんな質問をするのか聞いてみると、「だって、OLとかだったら、こんな時間に自由に外に出られないじゃな

い」と言います。

そこで私は、

「私たちの後にいる人を見てごらん。あのシャツはお医者さんのシャツなのよ。隣にいる人は、着ている洋服から想像すると、デザインとか建築関係のお仕事している人に見えるわね。あっちに座っている女の人たちは、きっとメディカル・センターの研究者じゃないかな」

と言いました。そして、

「自分に何かしたいことがあったら、『女の人は学校を出たらOLになる』という選択だけじゃなくて、何でも好きなことができるのよ。エミも頑張って勉強すれば、今からでもぜんぜん遅くない。選択の自由を手に入れることができるのよ」

とも話しました。

また、夫、ロバートの貢献もありました。というのも、夫に質問すると、質問したことの何倍も学ばなくてはいけない状況になるからです。姪が宿題でわからないところがあって、叔父さんに答えをもらおうと思って聞くと、それにまつわるさまざまな本を引っ張り出してきて、一つの答えを導き出すために、違った方向からの調べものが始まります。そんなわけで、「ロバートに聞くともっと勉強させられちゃうから、自分でやった方がラク」と、夫に助けを求めなくなったのです。

今頑張れば、自分にもできる可能性があると知った姪は、本当に毎日頑張って勉強しました。その後、高校の成績はなんと、ネイティブの生徒の中で英語だけの授業でありながら、AとBばかりとなりました。また英語だけでなく、他の教科でも一人でコツコツと勉強するようになり、日本に戻った後は高校に編入せずに、ほぼ独学で大学の国際文化交流学科に入学しました。

本を読むことで思考力を養えば、それは他の勉強にも大いに役立ちます。

たとえそれを小さい頃からやっていなくても、姪が置かれたような「勉強しなければ生きていけない状況」であるとか、夢と希望を強く持っていたりすれば、ティーンになってからでも、自力で学習する力を身につけることはいくらでも可能なのです。

CHAPTER 4

親が変われば
子どもも変わる

大人が子どもになることを学ぶ

最後に少しだけ、親自身の学びについてもお話しさせていただきます。

私たちも、子どもの頃には純粋な力を持っていたはずです。だとしたら、自分自身の奥底を深く見つめることで、子どもの頃のまっさらな自分を思い出せるかもしれません。現在の大人の知恵を持ちながら、子どもに戻るのです。

道元禅師の言葉に次のようなものがあります。

「子どもが生まれたら母になるだけでなく、子どもになることも学びなさい」

このような格言を「読んで言葉の意味を理解する」だけなら簡単です。子どもが生まれたら母になるだけでなく、子どもに戻ることを学びなさいという、この言葉を理解するのは、なんと簡単なことでしょう。でも言葉の意味を知るだけでしたら、あなたの人生には、なんの影響も与えることにはなりません。

頭だけで理解して、行動せずに「わかった」と思うことは、ときとして人の成長を妨げる障害となります。ですから、知るだけでなく、実際に体験してほしいのです。感じて、考えて、味わっていただきたいと思います。それこそが本書で求めている子どもと同じ学び方です。

お皿洗いで体感しよう

お皿を洗っているとき、どんなことを考えていますか？

お友達との会話を思い出していたり、ご主人とケンカしたことを思い出したり、大昔にお母さんに言われたことを考えていたり、子どもが小学校に行き始めたら自分はどんな仕事を探そうか考えていたり、次の日の夕飯の献立を考えていたり。次から次へと、さまざまな思考が、頭の中に現れては消え、現れては消えることと思います。

このように私たちの頭は、今やっていることに在るのではなく、また今いる所に在るのではなく、過去に行ってみたり、未来に行ってみたり、妄想してみたり、色々なところに飛んでいるものです。それは、「心ここに在らず」の状態だといえます。

まずは自分が今「何を考えているかに気づく」ところから始めてみましょう。お皿を洗っているときに、過去や未来に行っていたら、あなたがいる場所に自分を連れ戻してみてください。つまり、お皿を洗っていることだけに集中するのです。そのほかに何も考えず、「今在る」ことに自分自身を連れて来る練習を重ねることで、自分の頭がどこか別な所に行っていることに、気づきやすくなります。

さて、お皿を洗っていることに集中することができたら、すごいことに気づきます。それは、これまで感じることのできなかった、お皿を持っている手の感触や、水道口から流れる水の感触をとてもセンセーショナルな感覚で体験できるようになります。**きっと小さな子どもたちが、何をするにも目が輝いているのは、彼らは今、在ることに集中しているから。**このようなセンセーショナルな体験をつねにしていられるからだと思います。

大人の私たちにもその気持ちを感じることができれば、子どもたちの気持ちがもう少しわかるようになるはずです。

子どもの
そのままを
大切にする

小さな子どもというのは、なんのフィルターも通さず世の中を見ています。小さ

ければ小さいほど、社会通念や、さまざまな観念を学んでいないからです。
たとえば赤ちゃんにしてみれば、二本足の馬だろうが、四本足の馬だろうが、すべて初めて見る不思議で面白い生き物。ものごとをそのまま、なんの観念もなく見られる小さな子どもは、さまざまな固定観念を持つ大人と違い、純粋にすべてのことを受け入れることができるのです。そして小さな子どもであればあるほど、ものごとの本質を見る力があるように思います。

私たちは子どもたちに「こうするべき」「こうあるべき」などと言っていますが、でも果たして私たちは本当に「真実を知っている」のでしょうか？

世の中には見えないものがたくさんある

よく言われるように、人が１００人いたら１００通りの見方があります。
私自身の経験では、日本にいたときの社会通念とアメリカでの常識でさえ、同じ先進国であってもかなり違っていて驚かされました。「こうあるべき」などという考えよりも「そうかもしれないけど、ああかもしれない」と、**どちらが正しいということもないことのほうが、世の中には多いのではないかと思います。**

ですから私たち大人も、ものごとを「違うんだな」とそのまま受け入れればいいのです。しかし、世の中の多くの大人たちは、違いを認めることができず、正しい自分、そして間違っている他人を主張し、極端な例では戦争にまで発展しているというのが現実です。

違いを認められない、または他者より自分の方が正しいと思う見方を、私たち親は子どもたちが小さい頃に、知らず知らずのうちに植えつけてはいないでしょうか。子どもたちには固定観念を抱かせずに、違う考え方や違うものの見方があって当然という、柔軟な目でも

のごとを見る姿勢を、教えなければいけないと思います。となると、親自身がまず心の目につけている、目隠しを外す必要があります。

目の前のものであっても見えない

こんなお話があります。コロンブスがアメリカ大陸を発見したとき、アメリカ・インディアンたちには、陸に近づく大きな船が、かなり目の前に現れるまで見えなかったというのです。それは、彼らにとって、海の風景の中に船が浮かんでいたことがなかったから。シャーマンが「どうもこんな形の物体が陸に近づいて来ているようだ」と語るのを聞き、彼らは初めて、海に船が浮かんでいることに気づき、しかもその船が、かなり目前まで陸に近づいていることを知ったそうです。

彼らに船が見えなかったのは、視力のせいではありません。見る力を妨げていたのは「海とはこういうものである」という固定観念だったのです。

私も含め大人たちは、多くのことを知っていると錯覚し、大切なものが目の前にあっても見えていないのかもしれません。そのことに気がつくことも大きな一歩。子どもを大人の固定概念という箱の中に押し込むのではなく、自由な発想を好きなようにさせてあげることで、思考の幅をどんどん広げてあげるような、そんな接し方をつねに心がけていたいものです。

競争ではなく共有しよう

私が「超・読み聞かせ」や子どもの教育に関してのメルマガを発行し始めた頃のことです。「あなただけでなく、うちの子たちもあなたの息子さん以上に優秀ですが、私はそのことを人様に言うつもりはありません」とメールをしてきた方がいました。どうも私が自慢をするために、メルマガで息子のことを書いていると受け取られたようでした。

そのメールには、彼女が子どもたちをどのように育ててきたかではなく、子どもたちがどれだけ優秀か、詳細まで延々とつづられていました。私はそれを見て「自分が成功した子育てをしたと思っているのなら、なぜそれを人とシェアしないのだろう?」と思いました。

それでその方には、「経験で得た知識があるのであれば、それを人様とシェアすることは、私は決して恥ずかしいこととは考えていません。あなたは子どもたちを、とても優秀に育てることに成功されたようですが、どちらの方が優れていると競争するのではなく、その知恵を他者と分かち合うことを考えられてはいかがでしょうか」とお返事をしました。

人より優れたものを「恩恵」として享受している人は、必ずしも他者と共有しようと考えるわけではないことは、今なら理解できます。しかし、まだまだ人の心理が、今よりもわかっていなかった頃は、私は単純に「提供できることがあるなら、なんでシェアしないのだろう?」と思ったのです。

競争が生物の本能

人は往々にして、**共生しようとする代わりに競争をします**。生物学的に考えたら、もしかしたら共生というイデオロギーよりも、競争の方が自然なのかもしれません。ラットの実験ではグループの中で優位に立つ動物の方が、ストレスホルモンの分泌が少ないと証明されています。同じラットで、人為的に上下の関係を変えると、これまで上位にいてストレスホルモンの分泌が少なかったラットは、下位になった途端に数値が上がったそうです。そして逆に、下位から上位になったラットのストレスホルモンの数値は瞬時に下がったそうです。

人間でも同じことが言えると思います。だとしたら私たち人間も、他者よりも上位に立とうとしても、なんら不思議ではないということになります。ストレスのレベルが高くなれば、健康にも害をきたしますから、遺伝子を後世に残すには、ストレスが少ない方が有利です。

子どもには賢くなってほしい。子どもには社会で成功してほしい。人より秀でて上に立ってほしいという思いが自分の遺伝子が生き延びるための生物としての本来の姿だとしたら、一生懸命になるのは当然かもしれません。だから私たちは、誰に指図されなくても、率先して子どもたちを塾に入れたり、良い学校に入れようと躍起になるのです。競争で勝ちたい、子どもに勝たせたいという思いは、抵抗できない何かに突き動かされてのことかもしれません。

家庭で共有の大切さを教える

「人を蹴落しても勝ちなさい」「パンが目の前にあれば独り占めしなさい」という「教え」はありません。きっと人は教わらなくてもそうするものだからでしょう。

現代社会では、残念ながら「いかに多く獲る」かについては学びますが、「いかに多く分け与える」かについては学びません。そのような教えは、家庭で親の手で、お母さんお父さんの声で、次なる世代の子どもたちに伝えるしかないのです。

競争よりも共生するほうがいずれは生きやすい世の中になるということを、これからの時代を生きる子どもたちにはしっかりと教えてきたいものです。

幸せな人間を育てるには

あなたの生きる目的やビジョンはなんでしょうか。
子どもを育てる上でのビジョンはなんですか。
壮大なものかもしれませんし、親のエゴと思えるような目的かもしれません。しかし、その根っこには**「幸せになりたい。子どもにも幸せになってほしい」**という気持ちがあると思います。しかし、「幸せ」「幸福感」を、私たちは一体どのようなときに感じているのでしょうか。

ある日、私は大好きな乗馬に行った帰り道、とても幸せな気分にひたっていました。「今日も完璧な一日だった。今日という日を何回も繰り返し生きていてもいい」とまで思っている自分に気がついたのです。そしてふと「なんでこんなに幸せだと感じるんだろう?」と疑問が浮かびました。なぜならよく考えたら、その日は特別なことは何一つ起こらなかったからです。ただ、一つだけ考えられたのは「上手くコミュニケーションできて、馬がいつもよりも楽しそうにしていた」ということだけでした。

私は馬運車を運ぶトラックを運転しながらさらに想いを馳せ、こう考えました。たとえば「給料が上がった」「子どもの成績が良かった」など、一般的に考えられる「良かった出来事」から得る幸福感と、取るに足らないと思える小さなことから感じる幸福感に、ひどく大きな違いはないのではないかと。**幸福感というのは、事象の大小にはあまり関係がないのではと思ったのです。**

ただ子どもの幸せのために

私たちは、子どもが特別に出来が良くてい い学校に入らなくても、楽しそうに遊んでいるのをながめているだけで、十分に幸せなはずです。意外と日常の何気ないことで、私たちは幸せだと感じていることに気がつきます。幸福な出来事は、実は私たちの身のまわりに、たくさんあふれているのです。

人は幸福になるために生まれてきています。そしてあなたの子どもも、幸福になるために生まれてきました。

本来私たちが心の底で子どもに望んでいることは、実はとてもシンプル。「ただ幸せになってほしい」。それだけではないでしょうか。**親は子どもに幸福になってほしいから、勉強を教えたり、絵本を読んであげたりしているのですよね。**にも関わらず、日々の生活の中でともすると私たちはそのことをすっかり忘れてしまいます。

幸いにも私たちには、本というツールがあります。読み聞かせは、子どもとの毎日の幸福な時間をつくってくれます。**本を手にしたときには「私はただ、この子の幸せを願っているんだ」ということを改めて思い出していただけたら、読み聞かせの時間がさらに充実したものになると思います。**

COLUMN 4

子どもの「心の知能指数」を育てる

イスラム過激派組織によって殺害された後藤健二さんの遺体の画像を、先生が教室にいない間に小学5年生18人が見て、そのうち11人が気分が悪くなったというニュースがありました。中には体調不良を訴えて、保健室に行った子たちもいたそうです。

その直後、ニューヨークに住む息子と電話で話をしたときに、私は息子にこのニュースの話をし、それに対してどう思うか聞いてみました。なぜなら昔、まだ息子が小さな頃から、私はかなり衝撃的なものを見せていたので、彼の中にどのような記憶として残っているのか聞いてみたかったからです。

たとえば、わが家では息子が幼い頃から、テキサス州ヒューストンにあるホロコースト・ミュージアムに連れて行っていました。ホロコーストとは第二次世界大戦時に、ナチス・ドイツによって迫害されたユダヤ人が強制収容所に収容され、大量虐殺された歴史的な大事件です。その博物館には、人体実験のために、痩せ細った子どもたちが裸にされている写真や、ガス室で人々が虐殺されている写真など、多くの悲惨な写真や展示物があるだけでなく、小さなシアターではドキュメンタリーも上映していました。

ホロコースト・ミュージアムに初めて行ったのは、息子が4歳だった頃。私は展示物を見せながら、展示の横にある説明を読んであげていました。ほとんどの展示物は大人向けなのでしょう、小さな子どもが見るには、展示の位置が高すぎるものが多く、私は息子を抱っこしながら、一つひとつ時間をかけて説明しました。

博物館や美術館を丹念に観ようとすると、一回訪れるだけでは周りきることはできません。ですから子どもが小さい頃は、科学博物館や美術館などの年間のパスを買って、同じ所に何回も通っていました。ホロコースト・ミュージアムもその一つです。

冒頭の日本で起こったニュースでは、子どもたちが残虐なものを見て、気分が悪くなったということですが、そのニュースに反応した大人たちの、「子どもには残虐なものを見せるべきではない」という意見を目にし、私は初めて（そういう考え方もあるのか……）と、自分とは逆の見方があることを知りました。私自身は自分の幼い子どもに、歴史的な事実を見せることに対して、たとえそれが残虐なものであっても、見せるべきではないとは、少しも感じたことがなかったからです。

私と夫は息子に、絵本以外にも、美術書や科学雑誌など、さまざまな本の読み聞かせをしていました。息子が5歳の頃には、友人の医師から人体の解剖の図鑑を借り、図鑑に書いてあることを説明しながら、息子と一緒にそれらの写真を見ました。

その解剖学の本には、人間の筋肉や骨や内

臓など、ものすごく詳細でリアルな写真、つまり解剖された死体の写真がたくさんありました。こうした画像やホロコースト・ミュージアムなど、息子が見ていたものは、現代の日本のスタンダードになりつつあるように見受けられる「残虐なものを子どもに見せるべきではない」と考えられる域を、はるかに超えていたと思います。

当時、子どもの教育のために良かれと思って私がしていたことは、見方によれば間違っていたかもしれません。ですから、子どもだった本人が、そのようなものを見た幼少時代を振り返り、どのような影響を受けたと考えているか、本人に聞いてみたいと思ったのです。

私は電話で息子に、日本のニュースの件について伝えると、少し息を吐いてこう言いました。「世界の多くの国の人たちは、残虐なことを見るだけじゃなくて、毎日その中で生活しているんだよね？　そのニュースで、気分が悪くなった子どもたちは11歳かあ……」と考えている様子。そしてこう続けました。

「今現在、世界では多くの子どもたちが、戦争や残虐な環境の中で毎日生活しているでしょ。たとえば爆弾が落とされて、目の前で人が死ぬのを見た子はきっと、起きている間に怖い思いをしているだけじゃなくて、夢の中でもうなされているかもしれないね。起きている間に苦しみを味わっているだけじゃなくて、寝ている間でさえ、その子たちは怖い思いから、逃れることができないんだよね。もちろんそれは、平和に暮らしている僕たちの責任じゃないけど、でも平和に生きている人たちは、お花畑みたいに綺麗な世界だけじゃなくて、むごくて悲惨な現実や歴史について、少なくとも知って学ぶべきじゃないかって、僕は思うよ。そういうことを見せないようにするのではなくて、子どもでもちゃんと教えれば、理解できるキャパシティーはあると思うし、それを教えるのは、大人の責任だと思うな」と。

私が「そうね。でも、そういうものを見る免疫のようなものがなかったら、もしかするとうまく受け止めることができないかもしれないわね。ところでホロコースト・ミュージアムに初めて行ったとき、あなたは4歳だったけど、怖いとか、気持ち悪いとか、そういう気分になった記憶はないの？」と聞くと、

「そんなふうにはぜんぜん思わなかったよ。僕が覚えているのは、（こんなひどいことは二度と起こってはいけない。これは間違っている）っていう気持ちだったよ」と言いました。私はそれを聞いて安心しました。

そしてまた、「僕が中学生くらいのとき、日本から来たお母さんと子どもたちがいたじゃない。あの子たち、たしか幼稚園生くらいだったよね？　彼らとホロコースト・ミュージアムに一緒に行ったとき、あのお母さんは子どもたちにドキュメンタリーも見せて、ちゃんと説明してたよね。そのとき、あの子たちは神妙になってたけど、気分悪くなったりしてなかったじゃない？　怖がってたっていうよりも、僕には彼らも何か感じた

ことがあったように見えたけど」と言いました。「そういえば、そういうこともあったわね。小さい子どもでも、普段からお母さんに本を読んでもらったりして、親子で色々対話していたら、ただ怖くなっておしまいというふうな受け止め方じゃなくなるのかもね」と私は、そのときのことを思い出し、（あのお母さんがやっていたことは、当時、私は当たり前だと思っていたけど、今考えたらそうではなかった……）と今さらながらに思ったのでした。

子どもに世界で起こっていることを見せて教育するためには、一体どういう本を読んであげて、またどんな所に連れて行ってあげたらいいのだろうと思われる方もいらっしゃると思います。私は何も、残虐なものを見せる教育をするべき、と言っているわけではありません。残虐なものを見ても大丈夫かどうか、それが建設的な学びにつながるかどうかは、それ以前の本の読み聞かせや、親子の対話がどのようなものであるかによって変わります。皆、性格も違えば、短いながらもそれまで生きてきた経験も違い、理解の仕方も違います。

このような教育にマニュアルはありません。「残虐だ」といって単に拒絶するのではなく、目の前にいるわが子をしっかり見て、もう一度考えていただきたいと思います。

親から見た美しいものだけを与えて、子どもの学びの機会を大きく損なうことがないように、私たちは気をつけなければならないのです。

おわりに

夫も私も両親が離婚した家庭で育ちました。ですからよくある話ですが、子どもには同じ思いをさせたくないと、強く思っていました。そのためには、自分たちの心の問題も含めて一から見つめなおす必要がありました。子育てで難しかったことは、息子の問題ではなく、私たち親が人間として成長することであったと、今考えると思います。

温かい家庭を持った経験も、お金もない私たちが、自分の心の問題を解決しつつ子どもに十分な教育を与える。このようなとてもできそうもない難問に立ち向かえたのは、そこに本があったからです。本は子どもだけでなく、私たちに深い学びを与えてくれました。親として本当に未熟だった私たちがなんとかやってこれたのは、読み聞かせという方法を見つけることができたからです。

いくつもの習い事に通わせることはできなくても、親に「知」という力があれば、その力を子どもに継承することができます。

子どもが自ら学べる人間になるよう、家庭できちんと教育をし、愛情豊かに育てる。幅広い知識を持って、自分の力を社会に還元できる人間を育てる。それには、親の在り方が多大な影響を与えます。そしてそれは、お金をかけなくても家庭でできることなのです。

あなたのお子さんは、新しい時代を選んで、あなたの元にやってきてくれた天才です。あなたのお子さんの能力を、最大限に伸ばしてあげるよう教育することが、今の時代でできる、あなたに与えられた役割です。

親はぼやぼやしていられません。これはもう、あなたとあなたの子どもだけの問題ではないのですから。

私たちは未来の子どもたちのために、新しい時代を切り開いていく役割を担っています。そのために、まずできることは、自らの子どもをしっかりと見てあげるということ。そして、あなたの子どもが興味を示すさまざまなことを親の手で教えてあげるということです。

子どもにとって親に勝る教育機関はないのですから。

100 PICTURE BOOKS FOR NURTURING YOUR CHILD'S MIND AND SPIRIT

頭と心を同時に育む

読み聞かせおすすめ本 100冊

ここでは主に小さい子向けの、
特に長年愛され続けているベーシックな絵本を中心に
ご紹介したいと思います。
何から読もう……と迷っている方に、
少しでも参考になれば嬉しいです。
ある程度お子さんが大きくなってからは、
一人ひとりの興味・関心に合わせて
本を選んでみてください。
お子さんが人生でできるだけ多くの
素敵な本に出会えますように！

◎民話・昔話・神話について

このほか、民話、昔話、神話についてはこのリストに載せていませんが、ひと通り読み聞かせをされることをおすすめします。

読み聞かせは、基本的にはどんな本を使ってもかまわないのですが、古典や名作、またビジュアルの優れた専門書を見せることは非常に重要だと思います。

特に、3歳以降、民話、昔話、神話などの読み聞かせができているかどうかで、学童期からの読書に影響がでます。

3歳までに読み聞かせの習慣が少なかった場合、このような古典作品は、聞きづらい、または読み聞かせしづらい状況になりがちですが、その場合は、0～2歳さん対象の絵本からスタートして徐々に文章量を増やしていくと良いでしょう。

3歳だから3歳用なのではなく、1歳用からのほうがいいケース、あるいは5歳用がいいケースもありますので、対象年齢にこだわらず、お子さんの様子を見て読んであげてください。

古典の読み聞かせは特に、自分で読むのではなく、お母さんの声を通して聞くということがポイントです。耳から入ることで、普段は使わない言葉の言いまわしなども、イメージが膨らんで、すっと染み込んでいく効果があります。

FOR 0~2 YEAR OLDS

はじめての
音と色を楽しむ！

0～2歳向け絵本

この時期には初めて出会う音や色を
めいっぱい楽しめる本を
読んであげましょう

あかちゃんのうた
作：松谷みよ子、絵：いわさきちひろ［童心社］
「おでことおでこがこっつんこ　おはなとおはなもこっつんこ」オムツを替える時、お散歩の時、お風呂の時、ネンネの時…日本で古くから歌われてきたお遊び歌、語りかけがたくさん載っています。

いないいないばあ
作：松谷みよ子、絵：瀬川康男［童心社］
「いないいないばあ　にゃあにゃが　ほらほらいないいない…」動物たちが生き生きとした表情で「ばあ」とでてくるたび、赤ちゃんが笑います。1967年の発行以来、日本中の赤ちゃんに愛され続けている絵本です。

おててがでたよ
作：林明子［福音館書店］

大きな洋服をすっぽりかぶった赤ちゃんが、手や足を順番に出していくシンプルなストーリーですが、衣服で隠れた「おてて」や「あたま」がぱあっと出てくる楽しさや、自分でできる喜びが詰まっている絵本です。

ぴょーん
作：まつおかたつひで［ポプラ社］

ページをめくると、カエルが、子猫が、犬が、バッタが、うさぎが、次から次へと「ぴょーん」と元気に飛びます。上下見開きで実際に飛んでいるかのような絵の躍動感と、ユーモラスな構成に子どもも引きこまれます。

がたんごとんがたんごとん
作：安西水丸［福音館書店］

「がたんごとんがたんごとん」と進む生真面目な顔をした黒い汽車。そこへ「のせてくださーい」と哺乳瓶、カップとスプーンが続き、女の子のところまでさまざまなものをのせて汽車は進みます。繰り返しの音が楽しい本。

おつきさまこんばんは
作：林明子［福音館書店］

三角屋根のおうちにあかりがつく頃、2匹のネコが「おつきさまこんばんは」。雲に隠れるおつきさまの表情に、お話を聞いている子どももハラハラしたり、ホッとしたり…。月を見たら、思わず「おつきさまこんばんは」と言いたくなる絵本です。

じゃあじゃあびりびり
作：まついのりこ［偕成社］

「みず　じゃあ　じゃあ　じゃあ」「かみ　びり　びり　びり　びり　びり」わかりやすい彩色の絵と共に、たくさんの音とものが詰まっています。赤ちゃんの初めての本として人気。

のせてのせて
作：松谷みよ子、絵：東光寺啓［童心社］

「まこちゃんのじどうしゃが　はしります　ブブー」赤いかっこいい車に乗ったまこちゃんがやってくると、「のせて　のせて」とウサギやクマや、ネズミも。繰り返しのリズミカルな言葉と、動物たちの表情も楽しい乗り物絵本。

あかちゃん1．2．3
作：しみずみちを［ほるぷ出版］

クマ、ゾウ、ネコ、イヌ、ブタ、ウサギなど、いろんな動物の赤ちゃんが1、2、3と増えていくことで、自然に数を覚えられます。また、動物によっては赤ちゃんの数が多いことなどもわかります。動物や数に興味を持ち始めたら。

あーんあん
作：せなけいこ［福音館書店］

保育園は好きだけど、お母さんが帰っちゃうのは嫌だ…と僕が泣き出すと、他の子もあーんあん！　泣きすぎて、なんと魚になっちゃった！？　でも大丈夫。お母さんが助けてくれるから。子ども心にユーモアで寄りそう本。

だるまさんが

作：かがくいひろし［ブロンズ新社］

「だ・る・ま・さ・ん・が」ページをめくると、手足のあるだるまさんがぷしゅーとしぼんだり、はたまたびろんと伸びたり。だるまさんが体を張って、あの手この手で笑わせてくれる絵本です。

おんなじおんなじ

作：多田ヒロシ［こぐま社］

仲良しのこぶたの「ぷう」とうさぎの「ぴょん」は、帽子も服もおもちゃも同じものがいっぱい。友だちと「おんなじ　おんなじ」を見つける喜び、違うものも見つけた時の面白さ。身近なものの発見の喜びを感じられる本。

おふろでちゃぷちゃぷ

作：松谷みよ子、絵：いわさきちひろ［童心社］

あひるさんがタオルと石鹸を持ってお風呂に行くと、男の子も急いで服を脱ぎます。あひるさんと男の子が仲良くお風呂に入っている様子がほほえましく、お風呂が「いいとこ　いいとこ」と楽しく描かれています。

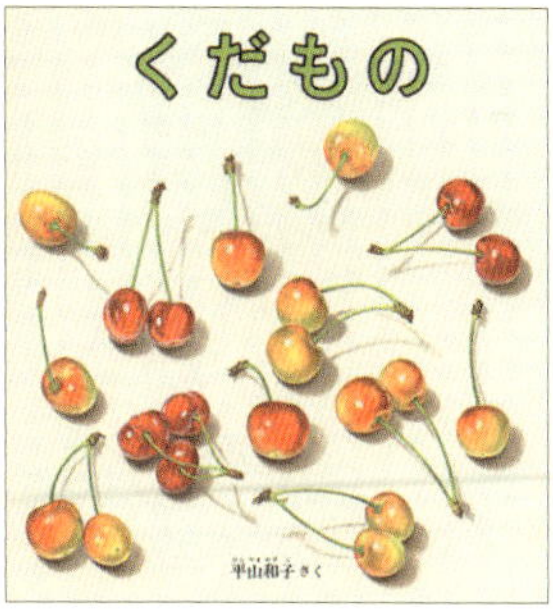

くだもの
作：平山和子［福音館書店］

スイカ、モモ、ブドウ、ナシ、リンゴ…子どもたちが大好きな果物が、本物そっくりな絵で描かれています。切る前のまるごとの形から、カットして「さあどうぞ」と差し出す絵。絵本を見ながら「モグモグ」したくなる絵本です。

かおかおどんなかお
作：柳原良平［こぐま社］

目がふたつ、鼻はひとつ、口もひとつ、これで顔のできあがり。目や口のちょっとした変化で表情が変わり、楽しい顔、悲しい顔、怒った顔…単純だからこそ、表情がよくわかる絵に、子どもも大人も思わず百面相。

たまごのあかちゃん
作：神沢利子、絵：柳生弦一郎［福音館書店］

「たまごのなかで　かくれんぼしてる　あかちゃんはだあれ？　でておいでよ」その掛け声で、いろんな動物が楽しそうに登場します。子どもたちが大好きで、ちょっぴり不思議な卵の中のひみつをにぎやかに大公開。

おさじさん
作：松谷みよ子、絵：東光寺啓［童心社］

美味しいものをみんなのお口に運んであげるために、赤い柄に手足のはえた「おさじさん」が「とことことこ」とやってきました。熱いお粥も「ふうふうふう」して「あーん」。うさぎとおさじさんのやりとりに、子どももにっこり。

どうぶつのおやこ
作：薮内正幸［福音館書店］

ネコ、ウサギ、イヌ、サル、クマ、カバ、キリン、ライオン、ゾウ…子どもたちが大好きな動物たちの親子がたくさん描かれてた、言葉のない絵本。毛の柔らかさまで感じるような写実的な絵は、文章はなくとも親子の会話が弾みます。

ちいさなうさこちゃん
作：ディック・ブルーナ、訳：石井桃子［福音館書店］

うさぎのふわふわさんとふわおくさんのところに、ある晩天使がやってきて、その後生まれた「うさこちゃん」。牛や鶏などの動物が「おめでとう」を言いに来てくれます。シンプルなイラストだからこそ、長年愛される物語の始まり。

はらぺこあおむし
作：エリック＝カール、訳：もりひさし［偕成社］

世界中で愛されるベストセラー絵本。鮮やかな色彩が美しく、小さな子どもも目を輝かせます。絵だけではなく、リズムのいい言葉も耳に楽しく、曜日や数の感覚もこの本で覚えるお子さんも多いのではないでしょうか。

ながーいおはなし
作：ひろかわさえこ［あかね書房］

ながーい鼻の子ゾウが、しっぽのながーいライオンや首がながーいキリンとどっちが長いか比べっこ。様々な動物に勝っていく子ゾウですが、最後にもっと長い鼻が現れて…長さを比べる楽しさに気づく本。

うずらちゃんのかくれんぼ
作：きもとももこ［福音館書店］

「うずらちゃんがひよこちゃんとかくれんぼを始めました。じゃんけんをして、うずらちゃんからかくれます」さてさてどこかな…？　色と形を上手に使ってかくれんぼするウズラちゃんやヒヨコちゃんを見つけるのが楽しい絵本。

ねないこだれだ
作：せなけいこ［福音館書店］

「とけいがなります　ボンボンボン」「こんなじかんに　おきてるのは　だれだ？」遅くまで起きているとおばけになって、おばけの世界に連れて行かれますよ…こわ～いラストですが、子どもたちに大人気のおばけ。

にんじん
作：せなけいこ［福音館書店］

人参が大好きな動物たちがたくさんでてきます。ウマ、ネズミ、ウサギ、キリン、カバ…みんな人参を美味しそうにパクパク食べています。最後は「にんじんすきな　げんきなこ　だあれ」。人参嫌いの子も思わず「はーい」。

のぼっちゃう
作：八木田宜子、絵：太田大八［文化出版局］

「ぼくのうちのにわには　おおきなきがあるぼく　いまにぜったいのぼっちゃう」家の庭にあるとても高い一本の木。男の子はどんどん上へ上へと登っていきます。ビルよりも、東京タワーよりも…。想像力と冒険心を刺激する本。

もこ　もこもこ
作：谷川俊太郎、絵：元永定正［文化出版局］

「しーん」「もこ」「もこもこ」「にょき」へんな物体が生えてきたかと思ったら、パクっと食べられて…擬音の面白さ、想像力をかきたてる不思議な物体に子どもは夢中です。

あかいくるまのついたはこ
作：モウド・ピーターシャム、ミスカ・ピーターシャム、訳：渡辺茂男［童話館出版］

突然あらわれた赤い車のついた箱。さまざまな動物たちがやってきては、「なんだろな？」と箱をのぞきこんでいきます。箱の中には実は小さな赤ちゃんが…優しい動物たちのしぐさや表情にほんわかする本です。

きんぎょがにげた
作：五味太郎［福音館書店］

「きんぎょがにげた」「どこににげた」金魚鉢から飛び出した金魚がカーテンの水玉模様、キャンディーの瓶、イチゴの山の中に次々と隠れるのを、子どもが夢中になって探します。親子のやりとりも楽しめる本。

こぐまちゃんおはよう
作：わかやまけん［こぐま社］

まだ眠そうなこぐまちゃんの朝から物語は始まり、顔を洗う、ご飯を食べる、遊ぶ、うんちをする、お風呂に入る、寝る、という、小さい子の一日を描いています。自分でやろうと頑張るこぐまちゃんに刺激をもらえる一冊です。

うんちがぽとん
作：アロナ・フランケル、訳：さくまゆみこ［アリス館］

おまるにまたがるまあくん。「でたかな？」「まだまだ」なかなかうんちはでてくれません。「でた！」「おかあさん、みて！みて！」というまあくんのうれしさ、ほこらしさが伝わります。トイレ練習中のお子さんにも。

かえるとカレーライス
作：長新太［福音館書店］

小さなカエルが住んでいる池の近くの山が噴火して、なんとカレーが噴き出します。するとカエルがカレーを食べ始め、大きなカレーライスになった山までもパクパクパク…。不思議な面白さに子どもも大人もはまります。

おやすみなさいおつきさま
作：マーガレット・ワイズ・ブラウン、絵：クレメント・ハード、訳：せた ていじ［評論社］

夜、子ウサギが自分のお部屋でベッドに入ります。「おやすみ　とけいさん」「おやすみ　あかいふうせん」と身のまわりの見えるもの全部にご挨拶をして、ゆっくりと眠りに入っていく様子が優しく描かれています。

かばくん
作：岸田衿子、絵：中谷千代子［福音館書店］

今日は日曜日。動物園に住むかばくんのところに、今日も大勢の子どもたちがやってきます。「きた　きた　きた　きた　くつした　はいてる　すかーと　はいてる」かば目線で人間を見る視点の面白さが妙に心に残る絵本。

せっけんつるりん
作：今井弓子［岩崎書店］

おじいちゃんと男の子がお風呂に入り、石鹸でおじいちゃんの頭を「つるつるりん」と洗っていると、石鹸が窓から飛んでいってしまった！裸のまんま、男の子は石鹸を追いかけます。お風呂の楽しさが伝わる本。

さよならさんかく
作：わかやまけん［こぐま社］

「とうふはしろい」…リズミカルな言葉運びで、ものの色や形を紹介していきます。そのリズムと、物当てゲームのようなつくりに赤ちゃんも思わず夢中になる本です。

ぐりとぐら
作：なかがわりえこ、絵：おおむらゆりこ［福音館書店］

お料理好きのちいさな野ネズミ、ぐりとぐら。ある日森の中で大きな卵を見つけたぐりとぐらは、大きなカステラを焼くことに…。「ぼくらのなまえはぐりとぐら♪」と思わず節をつけて読みたくなるテンポのよい文章も魅力です。

だれかしら

作：多田ヒロシ［文化出版局］

誕生日、「とんとんとん」「こんこん」「とんとことん」と誰かがドアを叩きます。たくさんの動物たちがお祝いに来てくれました。窓から少しだけ姿が見えて、「だれかしら？」とクイズにできるのも楽しい一冊です。

ちいちゃんとさんりんしゃ

作：しみずみちを［ほるぷ出版］

お兄ちゃんからお下がりの三輪車をもらったちいちゃんですが、まだペダルを漕ぐことができません。仲良しのイヌとネコのお友達と協力して、なんとか漕ごうとがんばります。

ちいさなねこ

作：石井 桃子、絵：横内 襄［福音館書店］

小さな子ネコがお母さんネコが見ていないすきに外に走り出します。子どもに捕まりそうになったり、車にひかれそうになったり…外は危険がいっぱい。子どもの冒険心と、最後はお母さんが助けてくれる安心感を受け取れる本。

ちびゴリラのちびちび

作：ルース・ボーンスタイン、訳：いわたみみ［ほるぷ出版］

チビチビは小さなゴリラの子ども。ゴリラの家族、オウム、サル、ヘビ、ライオン、キリン、カバ…森の仲間たちに愛情深く見守られながら、すくすくと育っています。「みんながあなたを大好きだよ」というメッセージが詰まっています。

タンタンのぼうし
作：いわむらかずお［偕成社］

おさるのタンタンが投げ上げた帽子をすぽっとかぶると、「ほーら　ね」帽子の下からいろんなものがでてきます。次はなにがでてくるかな？と当てっこするもの楽しい絵本。

どこからきたの　こねこのぴーた
作：与田準一、絵：安泰［童心社］

子ネコのぴーたは好奇心旺盛。目にするもの、耳にするものすべてが不思議で、「だーれ？」「どこからきたの？」「これなあに？」と質問攻めです。それにお母さん猫が答える様子が微笑ましく、優しさと愛らしさが詰まった本です。

どこへいってた？
作：マーガレット・ワイズ・ブラウン、絵：バーバラ・クーニー、訳：うちだりさこ［童話館出版］

「ねこ　ねこ　どこへ　いってた？」「あっち　きょろきょろ　こっち　きょろきょろ　ぶらぶらしてた」リズミカルな問いかけに、素朴に描かれた動物たちが次々に登場します。動物たちの自然の中での生活が、みずみずしい言葉で紹介されます。

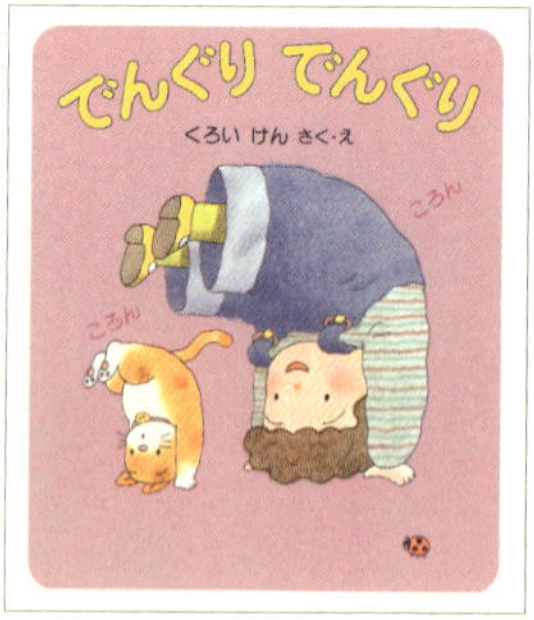

でんぐりでんぐり
作：くろいけん［あかね書房］

けんちゃんと色々な動物たちの「でんぐり　でんぐり　ころん　ころん」。でんぐり返しをしていくたびに、動物たちが増えていきます。ゾウさんやキリンさんがでんぐり返しをすると…？　動きがあって、楽しい絵本。

なにをたべてきたの？

作：岸田衿子、絵：長野博一［佼成出版社］

「りんご　りんご　おいしそうな　きれいな　りんご　いただきまーす」白ブタくんがリンゴ、レモン、メロン、ブドウ…と食べるたびに、白いお腹にきれいな色がつきます。でも最後に石鹸を食べちゃったら…？

はけたよはけたよ

作：神沢利子、絵：西巻茅子［偕成社］

たつくんはまだ一人でパンツがはけません。立って履こうとするとバランスを崩して転んでしまいます。自信をなくしたたつくんがパンツを履かずに外に飛び出したところ…自分でできるようになったときの嬉しさがあふれます。

どろんこハリー

作：ジーン・ジオン、絵：マーガレット・ブロイ・グレアム、訳：わたなべしげお［福音館書店］

黒いぶちのある白いイヌ、ハリー。ある日逃げ出して、あちこち遊んでいるうちに泥まみれで白いぶちのある黒いイヌになってしまいます…お風呂が嫌いな子どもにも。

しろくまちゃんのほっとけーき
作：わかやまけん［こぐま社］

「ぽたあん　どろどろ　ぴちぴちぴち　ぷつぷつ　しゅっ　ぺたん　ふくふく　くんくん　ぽいっ　はいできあがり」しろくまちゃんとお母さんがつくるホットケーキ、絵本の通りに親子で作ってみたくなります。

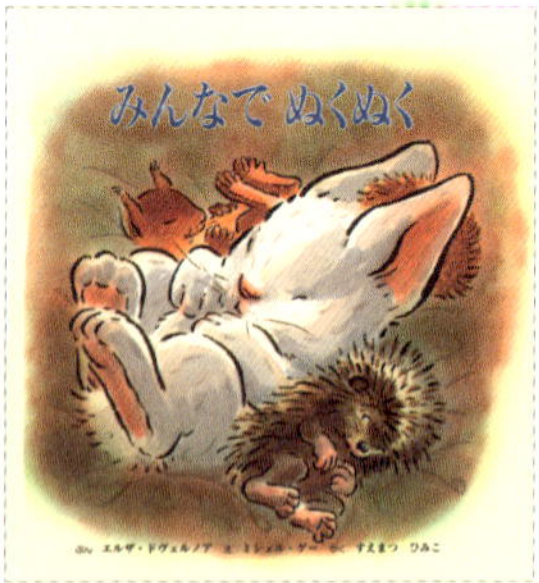

みんなでぬくぬく
作：エルザ・ドヴェルノア、絵：ミシェル・ゲー、訳：末松 氷海子［童話館出版］

ある寒い日、ハリネズミの家ではストーブが壊れてしまいます。リスと共に、ウサギの家を訪ねます。ここにもストーブはありませんでしたが、みんなでくっついて無事に暖かく眠りにつきました。冬の夜に最適なお話です。

まいごになったぞう
作：寺村 輝夫、絵：村上 勉［偕成社］

「あばば　うぶー」赤ちゃんゾウがお母さんとはぐれて迷子になってしまいます。キリンやカバ、こわいワニやライオンにも「あばば　うぶー」。みんなに助けられて、最後は無事にお母さんゾウと再会します。

はしれ！かもつたちのぎょうれつ
作：ドナルド・クリューズ、訳：たむら りゅういち［評論社］

黒い蒸気機関車を先頭に、オレンジ、黄色、草色、青…色とりどりの貨物列車が連なって線路を力強く走っていきます。トンネルを抜け、町を通り、煙を残して疾走する貨物列車に、電車好きの子もそうでない子も大喜び。

ゆかいなかえる

作：ジュリエット・キープス、訳：いしい ももこ［福音館書店］

たくさんの卵が魚に食べられてしまい、生き残った卵から孵った4匹のカエルの1年間の物語。時に厳しい自然の摂理をさらりと描きつつ、4匹のカエルはあくまで楽しそうに生を謳歌しています。大事なことをいくつも教えてくれる本。

おやおや、おやさい

文：石津ちひろ、絵：山村浩二［福音館書店］

元気で美味しそうな野菜たちが繰り広げるマラソン大会。「きゅうりはきゅうにとまれない」「かぼちゃのぼっちゃんかわにぼちゃん」など楽しい言葉遊びに子どもも大人もハマる！　野菜嫌いの子にもおすすめ。

14ひきのあさごはん

作：いわむらかずお［童心社］

「おとうさん、おかあさん、おじいさん、おばあさん、そしてきょうだい10ぴき」14匹のネズミの家族が暮らすのは、静かな森の大きな木の中のおうち。ネズミたちそれぞれの生活が細部まで描かれていて、小さな発見も楽しい絵本。

おおきなかぶ

作：A.トルストイ、絵：佐藤 忠良、訳：内田 莉莎子［福音館書店］

「うんとこしょ、どっこいしょ」の掛け声で大きなかぶを引き抜こうとしますが、「それでもかぶはぬけません」。繰り返しの掛け声と、最後はイヌやネコまで次々と助っ人が加わる様子が楽しく、読み聞かせにも最適です。

FOR 3~5 YEAR OLDS

やわらかい
頭と心を育む

3～5歳向け絵本

いろいろな気持ち・知識との
出会いが子どもの世界を
無限に広げます

ぐるんぱのようちえん
作：西内ミナミ、絵：堀内誠一［福音館書店］

ゾウのぐるんぱは仲間の助けを借りて働き始めますが、どこでも大きな物ばかり作って「もうけっこう」と追い出されてしまいます。でも最後に子どもたちに出会い…必要とされる場所をやっとみつけた喜びが心に残る本です。

よるくま
作：酒井駒子［偕成社］

ぼくはお母さんに、真夜中に訪ねてきた子グマと一緒にクマのお母さんを探しに行った話をします。あちこち探して、お仕事に行っていたお母さんとようやく会えた子グマ。ぼくと子グマはお母さんに優しく寝かしつけてもらいます。

11ぴきのねこ
作：馬場のぼる［こぐま社］

11匹の気ままなノラネコたちはいつもお腹がぺこぺこ。じいさんネコのアドバイスで船を出し、チームワークで大きな魚をやっとの思いで捕まえますが、意気揚々と持ち帰る途中に…？　どんでん返しが楽しい。

こんとあき
作：林明子［福音館書店］

ぬいぐるみのこんと女の子あきは、電車でおばあちゃんの家まで旅をします。あきを心配させなくないこんは、いつも「だいじょうぶ、だいじょうぶ」。ハラハラしますが、最後はハッピーエンド。やさしい気持ちが胸に広がります。

三びきのやぎのがらがらどん
作：マーシャ・ブラウン、訳：せたていじ［福音館書店］

「がらがらどん」という3匹のヤギ。ある日、山で草を食べて太ろうと、橋を渡ろうとしますが、そこには恐ろしいトロルがいて…迫力のある画風で描かれる3匹の力強いヤギ。トロルとの戦いは圧巻。

からすのパンやさん
作：かこさとし［偕成社］

4羽の子ガラスを大事に育てる、カラスのパン屋さん。家族みんなで作った、変わった形で楽しく美味しいパンは、子どもたちに大人気に…！　見開きに描かれた楽しいパン、描き分けられたたくさんのカラスたちが可愛い。

そらまめくんのベッド
作：なかやみわ［福音館書店］

大好きなふかふかベッドを持つそらまめくんは、友達が「ベッドをかして」と言ってもかしてあげません。そんなある日、そらまめくんの大切なベッドがなくなって…友達の優しさと、分けあうことの嬉しさを学んだそらまめくんの物語。

だいすきっていいたくて
作：カール・ノラック、絵：クロード・K. デュボワ、訳：河野万里子［ほるぷ出版］

ある朝ハムスターのロラが目覚めると、お口の中に素敵な言葉がいっぱい詰まっていました。言いたくてしょうがないのに、パパとママは忙しくて…大切な人に素敵な言葉を言いたくなる、優しい絵本。

ねえだっこして
作：竹下文子、絵：田中清代［金の星社］

「わたしこのごろつまらない　おかあさんのおひざにあかちゃんがいるから」と話すのは、ネコ。大好きなお母さんを赤ちゃんにとられて、切なくなったり、でも強がったり…。上の子やペットを思わず抱きしめたくなる本です。

しんでくれた
作：谷川俊太郎、絵：塚本やすし［佼成出版社］

生き物は生き物を食べてなければ生きてはいけない。人間は他の生き物のおかげで生きている…牛、豚、鶏、目の前のハンバーグも、もとは自分と同じ命だったことを考えさせてくれる本。

ぶたぶたくんのおかいもの
作：土方久功［福音館書店］

お母さんに買い物を頼まれたぶたぶたくんは、途中で友達の動物たちも加わりながら、いろんなお店で買い物をしていきます…楽しい言葉づかいにシュールで可愛い絵になぜか引き込まれる本です。

もりのなか
作：マリー・ホール・エッツ、訳：まさきるりこ［福音館書店］

男の子が森へ遊びにいくと、森の中の動物たちが次々と集まり、みんなでピクニックしたり、遊んだり…。ちょっと不思議な白黒世界の動物たちは、お父さんがくると消えてしまいました。想像力が働く絵本。

おやすみ、はたらくくるまたち
作：シェリー・ダスキー・リンカー、絵：トム・リヒテンヘルド 、訳：福本友美子［ひさかたチャイルド］

昼間は元気いっぱい大活躍のブルドーザーやショベルカーも、一日の仕事が終われば、寝場所に帰る時間。長いブームをするする縮め、土のベッドに横たわり…働く車たちの可愛い寝顔に、車好きの子も思わず一緒に眠くなります。

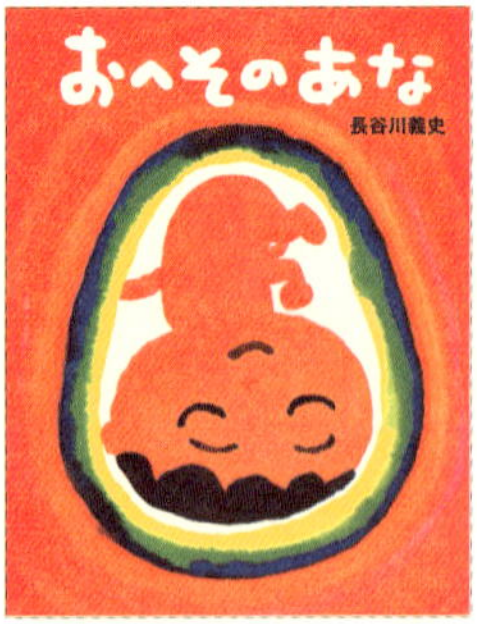

おへそのあな
作：長谷川義史［BL出版］

お腹の中の赤ちゃんがお母さんのおへその穴から見ているのは、赤ちゃんの誕生を心待ちにしている家族の様子。命の誕生が楽しく描かれています。きょうだいが生まれてくる子にもおすすめです。

のろまなローラー
作：小出正吾、絵：山本忠敬［福音館書店］

ローラーは、いつもゆっくりゆっくりでこぼこ道を直して進んでいきます。他の車にバカにされて抜かされても気にしません。でも追い越した車は、パンクや故障で停車してしまいます。優しくて、職務を全うするローラーが愛おしくなります。

かいじゅうたちのいるところ
作：モーリス・センダック、訳：じんぐうてるお［冨山房］

いたずらっ子のマックスは、お母さんに怒られ寝室に入れられます。そこはいつの間にか森になり、かいじゅうたちの王になってみんなで踊ります…一見すると怖いかいじゅうも、よく見ると愛嬌たっぷり。

しりたがりやのこぶたくん
作：ジーン・バン・ルーワン、絵：アーノルド・ローベル、訳：三木 卓［童話館出版］

こぶたくん、妹のアマンダ、おとうさん、おかあさん、そしておばあちゃん。「こぶたくん一家」のなにげない日常を楽しく描いた短編集です。こぶたくんのお母さんに共感してしまうお母さんも多いとか。

セミくん　いよいよ　こんやです
作：工藤ノリコ［教育画劇］

居心地のいいおうちに別れを告げ、セミくんが地上に出る日。そこでは虫さんたちがみんなで準備した楽しいパーティーを催してくれます。「ミーンミーン、うれしいな　いきているってうれしいな」生命のきらめきを伝えてくれる本。

ちくわのわーさん
作：岡田よしたか［ブロンズ新社］

わーさんは関西弁で気のいい「ちくわ」。何やら急いでどこかに向かっているようですが、途中で出会ういろんな仲間たちと遊んだり、昼寝をしたり、服を貸してもらったりと寄り道ばかり。そしてついに仲間の待つある家に到着した目的とは…？

ぴかくん　めをまわす
作：松居直、絵：長新太［福音館書店］

信号機のぴかくんは、ある日忙しさのあまり目を回して故障してしまいます。信号機が正しく表示しないと、街は人も車も大混乱…。日々頑張っている信号機の大切さに気づかされる本です。車好きの子にも。

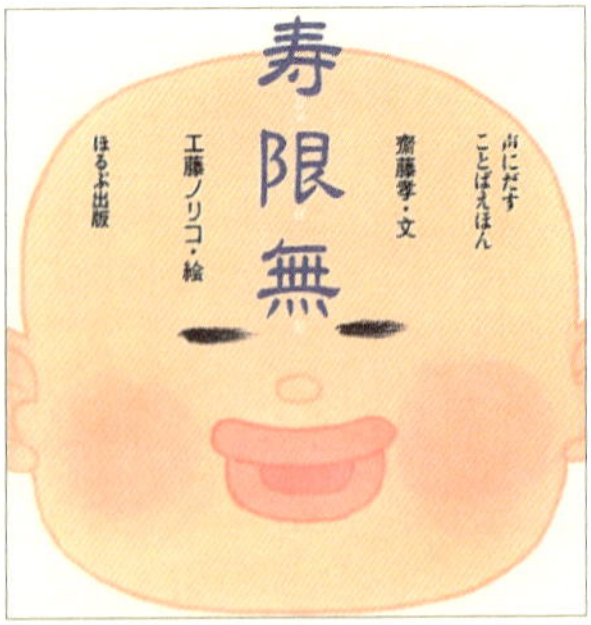

寿限無
作：斎藤孝、絵：工藤ノリコ［ほるぷ出版］

「寿限無寿限無、五劫のすりきれ、海砂利水魚の…」誰もが知っている落語の寿限無がとびきり可愛い絵と共に。読むのはちょっと大変ですが、楽しい響きの長い名前をいつのまにか覚えてしまう子どもが続出です。

てぶくろ
作：エウゲーニー・M・ラチョフ、訳：うちだりさこ［福音館書店］

おじいさんが森で落とした手袋に、動物がつぎつぎと入っていきます。ネズミ、カエル、ウサギ…そして最後はクマまで！狭いながらもなんとか収ってしまう動物たちの様子がびっくり楽しい。冬に読んであげたい絵本です。

しろいうさぎとくろいうさぎ
作：ガース・ウイリアムズ、訳：まつおかきょうこ［福音館書店］

仲良しの白いウサギと黒いウサギは毎日一緒に遊んでいます。あるとき悲しい顔をしている黒ウサギに白ウサギがどうしたのとたずねると…２匹のウサギの愛の物語が、美しい絵と文章で優しく綴られます。

ジャイアントジャムサンド
作：ジョン・ヴァーノン・ロード、訳：安西徹雄［アリス館］

チクチク村に飛んできた４００万匹のハチの大群。困った村人たちは、総出で知恵を絞ります。そしてとてつもなく大きなジャムサンドを作ってハチの罠にしようと…大迫力の絵とお話にワクワクがとまらない本。

あらしのよるに
作：きむらゆういち、絵：あべ弘士［講談社］

ある嵐の夜、小屋の中で出会ったオオカミとヤギ。暗闇の中、ふたりはお互い仲間だと思い込み、一晩話し続けて友情を育む。やがてふたりが真実を知ることになり—。スリリングな展開の最後は大きな感動をもらえます。

ねこのオーランドー
作：キャスリーン・ヘイル、訳：脇明子［福音館書店］

お父さんネコのオーランドーが、夏休みに奥さんと子どもたちを連れてキャンプに出かけます。テントを張ったり、ひげで釣りをしたり、キャンプファイヤをしたり…ネコたちがアウトドアを満喫している様子が楽しく描かれます。

ちいさいおうち
作：バージニア・リー・バートン、訳：石井桃子［岩波書店］

小さなおうちは最初、静かな田舎にありました。でもおうちのまわりはどんどん変化し、季節の移ろいもわからない都会になっていきます。それでも立ち続ける小さなおうちを救ったのは…。なくした自然の尊さを教えてくれます。

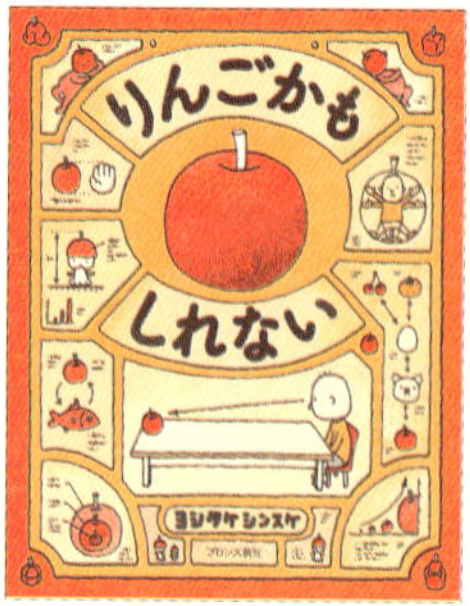

りんごかもしれない
作:ヨシタケシンスケ[ブロンズ新社]

テーブルの上に置いてあるリンゴを見た主人公。「もしかしたらこれはりんごじゃないかもしれない」。ふとそんな疑問を持ちます。「〜かもしれない」「〜じゃないかもしれない」。笑いと同時に、考えることの大事さを教えてくれる本。

おしいれのぼうけん
作:ふるたたるひ、たばたせいいち[童心社]

「さくらほいくえんには、こわいものがふたつあります。ひとつはおしいれで、もうひとつは──」押し入れの中で繰り広げられるハラハラドキドキの冒険の結末は？怖いけど、怖いだけじゃない、読み応えのある一冊です。

きょうのごはん
作:加藤休ミ[偕成社]

美味しい匂いにつられてネコが次から次へと「隣の晩ご飯」を見に行きます。この本のすごいところは、本当にリアルで美味しそうな夕飯の数々。好き嫌いの多いお子さんからも思わず「美味しそう〜」という声が聞こえてくるかも。

DOCUMENTARY,
SCIENCE & PICTORIAL BOOK

「もっと知りたい！」

をサポート！

ドキュメンタリー、かがく絵本＆図鑑

興味・関心をさらに深める
本との出会い

せかいいちうつくしいぼくの村

作：小林豊［ポプラ社］

ヤモはアフガニスタンのちいさな村に住む少年。春は花が咲きほこり、夏は色とりどりの果物がなる美しい村の、何気ない日常が少年目線で描かれます。しかし、そんな幸せな村にも、戦争は容赦なく襲いかかりー。戦争の恐ろしさ、虚しさを実感できます。

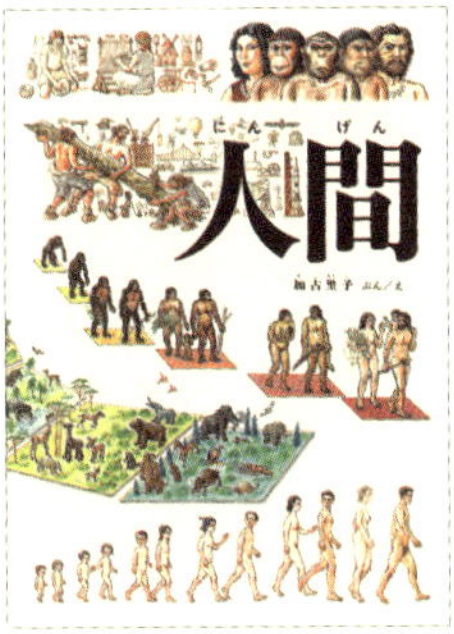

人間（福音館のかがくのほん）

作：加古里子［福音館書店］

3部構成で、宇宙の始まりから生命の誕生、動物の進化の過程、そしてもちろん人間の体、人間社会についてまでもがたくさんの絵と共に説明されています。体の不思議、人間の不思議に興味を持ったら読んであげたい本。

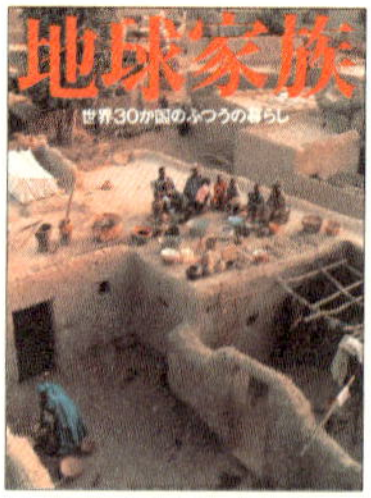

地球家族――世界30か国のふつうの暮らし
作：マテリアルワールドプロジェクト、ピーター・メンツェル、訳：近藤真理、杉山良男［TOTO出版］

世界中の平均的家族の、持ち物を全部家の前に出してもらって撮影した写真集。物にあふれた日本、物は少ないけれど余裕が感じられるサモア、雪の世界に赤い家具が目立つロシアなど、国によって違う価値観、暮らしがよくわかります。

ほね（かがくのとも絵本）
作：堀内誠一［福音館書店］

幼児でもわかりやすい、骨を解説した絵本です。人間も他の動物も、骨で見るとつくりは大体一緒だったり、骨がないと人間はぐにゃぐにゃ、骨・筋肉・関節の関係など…見えない部分を楽しいイラストでよく見えるように描いてくれています。

アンダーグラウンド――都市の地下はどうつくられているか
作：デビッド・マコーレイ、田村明［岩波書店］

都会の地下の仕組みを細密なイラストで徹底的に描写。地下部分にはりめぐらされた地下鉄、上下水道、電気、ガス、水道など、普段見ることのできないものを詳細に見せてくれていて、本を開くたびに発見があります。

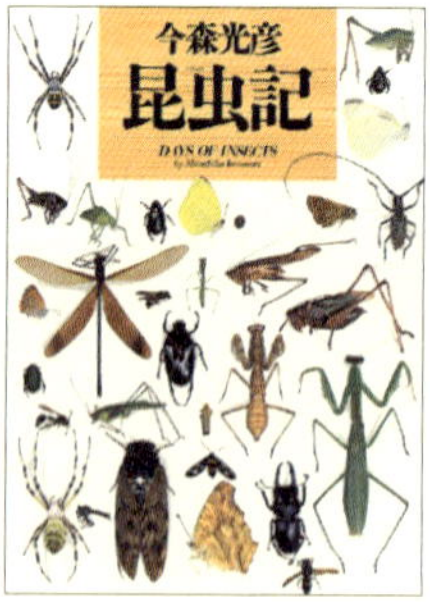

昆虫記（写真記シリーズ）
作：今森光彦、遠藤勁［福音館書店］

種類で分けるのではなく、5月、6月…と時期ごとに見られる昆虫を美しい写真で紹介。特に羽化の様子や普段見ることのできない虫の生態を連写も含めて詳細に載っており、子どもはもちろん大人も夢中になります。

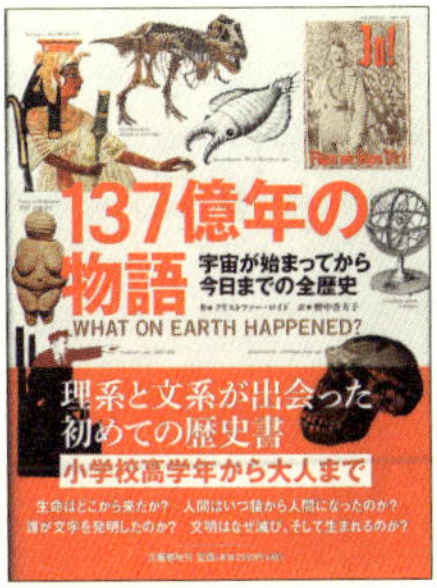

137億年の物語——宇宙が始まってから今日までの全歴史

作：クリストファー・ロイド［文藝春秋］

宇宙の始まりから、人間の出現、そして現代社会までの歴史を42のテーマをもとに紐解いていきます。著者が自分の子どものために書き下ろしただけあり、全編を通してわかりやすい表現で著されています。

絵で見るある町の歴史——タイムトラベラーと旅する12,000年

作：アン・ミラード、絵：スティーブ ヌーン［さえら書房］

架空の町を定点観測する設定で、1万2千年前から現代までの町の移り変わりが描かれています。ひとつの時代の生活が見開きごとに凝縮していて、細部まで楽しめます。

地球のかたちを哲学する

作：ギヨーム・デュプラ、訳：博多かおる［西村書店］

大昔の人類は、地球をこんなふうに考えていた!?　それぞれの文化圏によって異なる「地球観」をまとめて紹介した楽しい本。お椀をひっくり返したような形や、とぐろを巻いたヘビに支えられている世界など、様々な空想上の地球が紹介されています。

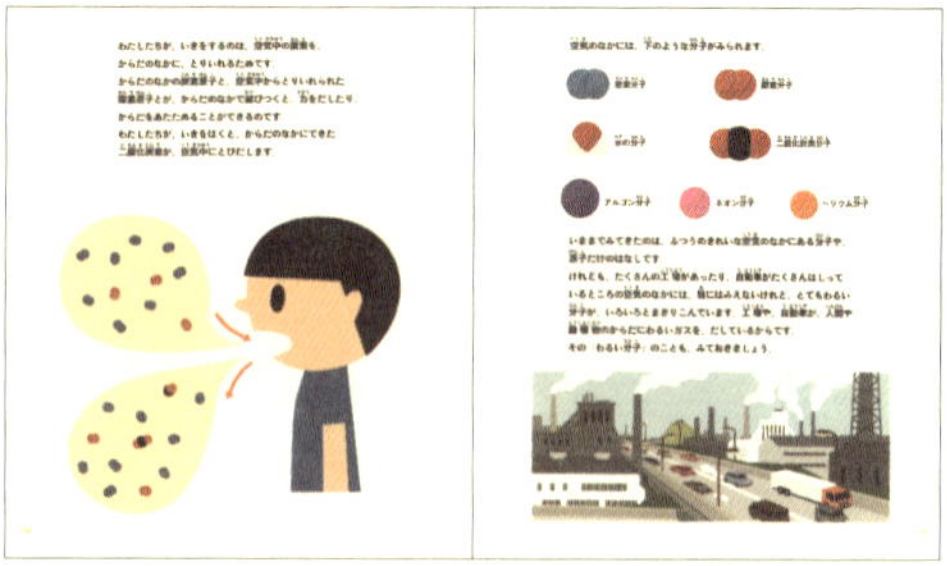

もしも原子がみえたなら──いたずらはかせのかがくの本 (いたずらはかせのかがくの本 新版)
作：板倉聖宣、絵：さかたしげゆき［仮説社］

目に見えないため説明しづらい原子・分子が、小さな子どもでもわかる絵本に。「紙も、石も、鉛筆も、そして、わたしの体も原子でできている」ということが、易しいイラストですっと理解できます。学校での勉強で難しいと感じる前に出会いたい本。

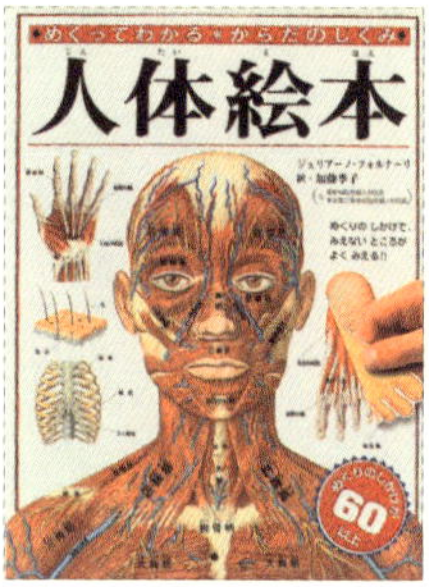

人体絵本──めくってわかる からだのしくみ
作：ジュリアーノ フォルナーリ、訳：加藤季子
［ポプラ社］

人体の内部までよくわかる、仕掛け絵本。「筋肉のはたらき」などテーマ別に60の仕掛けがあり、例えば「胸」をめくると骨や筋肉が現れる仕組みです。筋肉、骨、そして内臓のかかわりが立体的に理解できる本です。

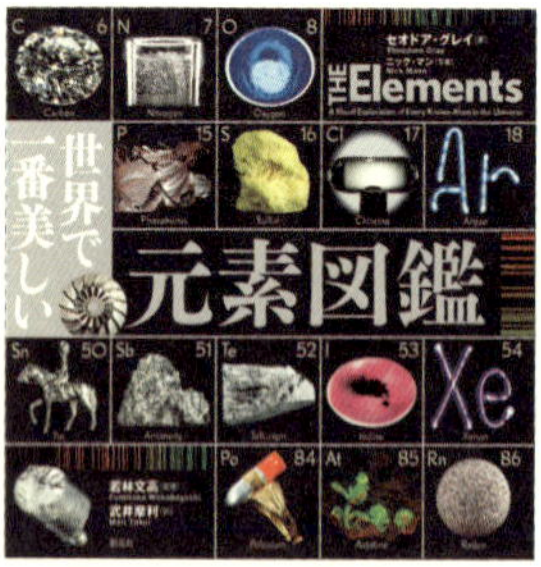

世界で一番美しい元素図鑑
作：セオドア・グレイ、監修：若林文高、写真：ニック・マン、訳：武井摩利［創元社］

水素、酸素、炭素…元素を美しい写真で紹介する、まるで写真集のような図鑑。記号を覚えるだけの化学ではなく、元素を身近な物として印象づけてくれます。軽妙な説明文も楽しく、読み聞かせしやすい本です。

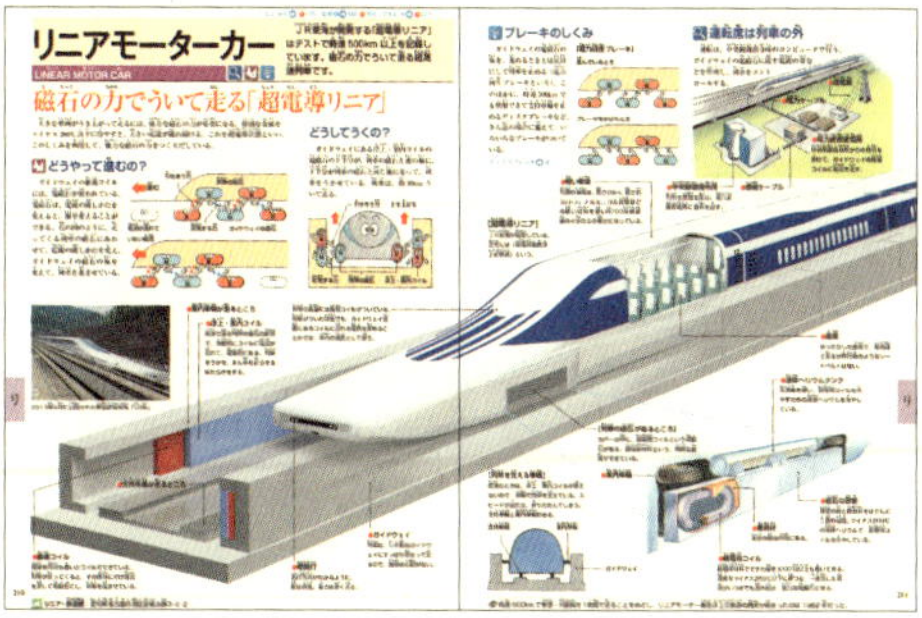

大図解（キッズペディア こども大百科）
［小学館］

お菓子工場、回転ずし、宇宙太陽光発電、免震構造…、幅広いモノの内部が大迫力で見られる本。東京スカイツリーや富士山などは両観音開きで詳しく紹介されています。ものの構造、しくみに興味を持ちはじめたら読んであげたい本。

宇宙大図鑑
監修：佐藤勝彦、編集：マーティン・リース［ネコ・パブリッシング］

宇宙の始まりから、現在、未来、そして終末までの進化像を描いた、壮大な宇宙の旅。星空ガイドも充実しているので、天文観測につなげることも。美しい天体写真が豊富で、子どもから大人まで役立つ本です。

目で見る数学――美しい数・形の世界
作：ジョニー ボール、訳：山崎直美［さえら書房］

パズルやマジックなど、数学の楽しさ、不思議に触れられるトピックがたくさん詰まった本です。意外と文字量も多めなので、読みがいがあり、数学が苦手な親も子どもと一緒に楽しみながら数学に親しめます。

選書協力　上原真由美